青森の怖い話

高田公太
鶴乃大助

竹書房
怪談
文庫

※本書は体験者および関係者に実際に取材した内容をもとに書き綴られた怪談集です。体験者の記憶と主観のもとに再現されたものであり、掲載するすべてを事実と認定するものではございません。あらかじめご了承ください。

※本書に登場する人物名は、様々な事情を考慮して一部の例外を除きすべて仮名にしてあります。また、作中に登場する体験者の記憶と体験当時の世相を鑑み、極力当時の様相を再現するよう心がけています。今日の見地においては若干耳慣れない言葉・表記が記載される場合がございますが、これらは差別・侮蔑を助長する意図に基づくものではございません。

まえがき
——怪談県宣言

高田公太

「魂」という言葉がある。その意味をどのように捉えるかは人それぞれだ。

意味を知らぬ人がいるだろう。

意味を否定する者もいるだろう。

そんな人は是非青森に住み、県民として日々の暮らしを続けてほしい。

そうすれば、否応なくその本当の意味を知ることになるのだから。

本書には青森県内各地の、歴史と暮らしに根ざした怪異体験談のみが収められている。

もしあなたが青森に住むことを叶えられないようなら、そのままページをめくり、本書を読むだけでも構わない。青森に住む実話怪談作家二人がたっぷり吸い込んだこの静謐（せいひつ）で冷たい空気を、背筋と首筋の毛穴で感じるだけで一向にかまわない。

そうして震えながら本書を読了したのち、あなたは必ず「魂」の意味を知るのだから。

必ず、知ってしまうのだから。

ようこそ、怪談県——青森へ。

目次

●……髙田公太
■……鶴乃大助

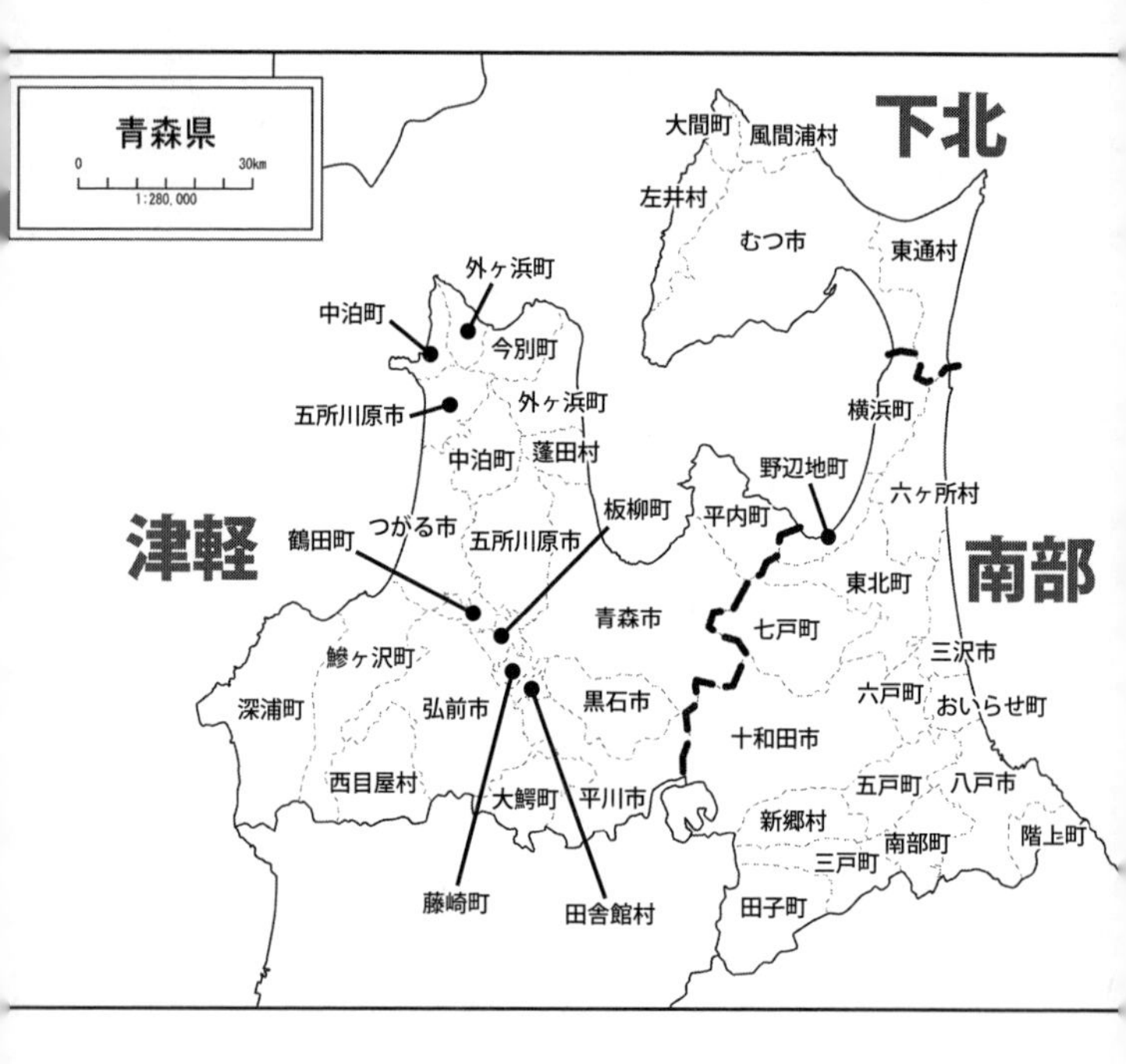

青森県
0
30km
1:280,000
下北
大間町
風間浦村
佐井村
むつ市
東通村
外ヶ浜町
中泊町
今別町
五所川原市
外ヶ浜町
横浜町
中泊町
蓬田村
野辺地町
六ヶ所村
津軽
板柳町
平内町
鶴田町
つがる市
五所川原市
南部
東北町
青森市
七戸町
鰺ヶ沢町
三沢市
六戸町
おいらせ町
深浦町
弘前市
黒石市
十和田市
西目屋村
大鰐町
平川市
五戸町
八戸市
新郷村
南部町
階上町
三戸町
田子町
藤崎町
田舎館村

青森の暮らし　一

現在、青森県は青森市、弘前市、八戸市、黒石市、五所川原市、十和田市、三沢市、むつ市、つがる市、平川市、東津軽郡平内町、東津軽郡今別町、東津軽郡蓬田村、東津軽郡外ヶ浜町、西津軽郡鰺ヶ沢町、西津軽郡深浦町、中津軽郡西目屋村、南津軽郡藤崎町、南津軽郡大鰐町、南津軽郡田舎館村、北津軽郡板柳町、北津軽郡鶴田町、北津軽郡中泊町、上北郡野辺地町、上北郡七戸町、上北郡六戸町、上北郡横浜町、上北郡東北町、上北郡六ヶ所村、上北郡おいらせ町、下北郡大間町、下北郡東通村、下北郡風間浦村、下北郡佐井村、三戸郡三戸町、三戸郡五戸町、三戸郡田子町、三戸郡南部町、三戸郡階上町、三戸郡新郷村の十市、二十二町、八村からなる。

人口は百二十万人超で、面積は九十六万ヘクタール超。

青森市、八戸市、弘前市の順に市町村人口は多く、人口密度は一ヘクタールに対して百三十人弱となる。

人口最多の青森市が二十七万人超、最小の西目屋村は千人超を数える。中央都市を含まない他県と同様に過疎化の止まらない地域もあり、県民の高齢化も進む一方である。

県内の移動には主に車が用いられる。

主要駅、主要施設周辺と観光シーズンを除き、昼夜問わず路上を歩行する者の姿は一様に少ない。

佐々木さんの話（女性、中泊町）

バスはいつも通り、酷く揺れた。

ある時点から、外の景色は木々と田圃、民家で占められていた。

畦道を歩く一人の子供が目に入った。

泥遊びでもしていたのか、半袖のTシャツが汚れている。

自然と頬が緩み、車窓から視線を外し顔を伏せた。

足下――前の席と自分の二の足にちょうど収まるように、その子供が蹲(うずくま)っていた。

子供は鼻をひくひくと上下させるのみで、何を自分に求めてここまで来たのかは窺い知れなかった。

反射的に子供の頭を平手で叩く動きをし、

「ずるすけ（ずるい子）！」

と胸中で叫んだ。

瞬間、子供は消え、佐々木さんの手はまるで何かを招き寄せるように虚空を漂った。

下山さんの話（男性、弘前市）

年金暮らしだね。たまぁにパチンコするぐらいが、おらの贅沢だべがの。ずっぱど(ずっと)建設作業員ばっかやっちゃあ。年金もあんまし多くねえんだ。最近だば酔える酒が安くて美味いはんで、助かる。

わらし(こども)はいねぇ。カガア(妻)とたんげ頑張ったばって、できねしてな。なも別にオラは構わねえんだばって、カガアは寂しがったべ。

だって、カガアや。

もう死んじゅうんず、化けで出るんだおん。

下山さんの妻、房子さんは五十半ばを過ぎた頃に糖尿病を患い、還暦を迎えぬまま重い感染症に負けて亡くなった。

二人の三十年以上に亘る結婚生活は、主に借金と互いの酒癖が原因で喧嘩こそ絶えなかったものの、離婚にまで話が及んだことは一度もなかったそうだ。

二部屋がある古く小さなアパートで二人は過ごし、今はそこで下山さんが一人、生活を続けている。

若かりし頃スナックのホステスをしていた房子さんは、夫に負けず劣らずの酒好きだった。よく笑い、よく泣く夜の蝶の面影を下山さんは懐かしむ。

妻はブランド物の長財布を好み、グラスの酒を「血の一滴」と言い必ず残さずに呑み干した。妻は幾ら酔っていても皿を洗おうとし、洗い終わると気絶するようにソファで眠った。下山さんが特に覚えているのは、生理が止まるたびに産婦人科へ赴き、帰ってきては泣く妻の姿だ。

「会いたい。早く会いたい」

震える声を漏らし、房子さんは涙を溢していた。

下山さんはそんな妻を見て幾らかの不憫(ふびん)さを感じたが、何と声を掛けていいのか分からず、結局は見て見ぬふりをするばかりだった。

そして、現在。

下山さんの部屋ではこんなことが起きる。

――会えだ会えだ。やっどこさ会えだ。

夜。

テレビを見ているか、あるいは夜食の準備をしていると、妻の声が背後から聞こえる。

振り返ると、二、三十代の容姿のままの房子さんが、スナックへ出勤する折によく着ていた紫のドレスを着て立っている。

両腕で大事そうに抱え、ゆっくりと揺らすのは赤子。

いや、赤子のような陰影を持った黒い何かだ。

――会えだ会えだ。会えだよう。

喜びの表れにしては随分とか細いその声を耳にすると、下山さんは冷や汗を掻きつつ、胸を締め付けられる。

目を瞑り手を合わせて妻が消えるよう願うと、次に目を開けたときにはその姿が消えている。

年に三回くらいだべがの。たげ、おっかねえよ。

だってや、「会えだ会えだ」ってすばってよ、あれ、あっちのわらしだべ。あっちってば、あの世や。あの世のわらしだべ。なも、おらんどと関係ねえわらしとばつかまえで、「会えだ会えだ」ってしちゅうんだべさ。

お祓いだっきゃ、しねえよ。銭ぇんこかかるし、どせ、オラも近いうぢにあっちゃ行ぐ。

おっかねえばってな。

あれ、オラとば恨んでるべ。

参るでゃ。

太田さんの話

（男性、田子町出身、現弘前市在住）


　本項「太田さんの話」は電話で行った取材を元にしている。別件で電話を掛けた知人の横にたまたま田子町出身の方がいたので、「青森県の怪談を集めている。もしよければ些細なことでもいいのでお聞かせ願いたい。何も思い出せることがなくとも、ただお話をさせていただくだけでも構わない」と無理を言って取材をさせていただいた。

「はじめまして。ぶしつけにすみません。ちょっと不思議な話とか、まあその、お化けっぽいのを見たとか、そんなのを集めて、本にしようとしているんですよ」

「はあ。はあ。お化けですか」

「ええ。太田さんはそういうの、見たとか、あれえ、何が変だなあ、何てことはあったりしますか。できれば、青森県の全域を対象にした本にしたいのですよ。田子町でもどうかな、と」

「いやあ、わだし、そういうのは、ううん。ないですねえ」

「ああ、そうですか。まあ、普通はそうですよね。ええ。ええ。田子では、こう、有名な心霊スポットとかはあったりしないんですか」

「んんん。わだしが知る限りではないんですが、そもそもそういうのに興味がないがら」

「ああ、そうですが。では、御家族や友人で何かそういう体験をお持ちの方は」

「御家族っていうなら、うちの母ですかね」

「お母さま」

「ええ。何ていうか。昔から、変なこと言いますねえ」

「ほうほう。例えば」

「田子は、ほんと田舎ですから、野っ原が多いんですよ。畑と野っ原、あどは森ってなもんで。飽きるくらい綺麗なんですけどね。小さい頃に母と手を繋いで歩いていると、たまあに『あの野原は見るな』って言ってくるんですよ。何でなんだろって思って、こっちは子供だから、逆に気になって見ちゃうじゃないですか。そしたら、大体その見てはダメな野原には、何がこう、気味が悪い感じの女が立ってて、こっちをじっと見ていたりしてましたね」

「え。それ人間なんですか」

「ヒトだが、お化げなんだが分かりませんよ。小さい頃の話だし。ちょっとして振り返ったらいなくなってましたから、確認もねえ」

「いなくなったって、それ、太田さん。もろに見てませんか」

「ううん。小さい頃だがら。気のせいだんでねえべがねえ」

「お母さまは、他には」

「あどは、よくあるんた話ですよ。虫の知らせっていうんですかね。親戚が亡くなる前に夢に出てきたとか、近所の誰それさんが、亡くなってから家のチャイムを鳴らして挨拶に来たとか、そしたことをよく話してました」

「なるほど。ところで、田子ってばニンニクの名産地ですが、ニンニクに纏わるそういう話ってあったりするもんですか」

「ニンニクですか。ううん。これも母の話になっちゃうんですけど」

「あるんですか」

「いや、これもよくある話ですよ」

「ええ。ええ」

「ニンニクを買うときに、うちの母は一度手かざしをするんですよ。昔から。他の野菜にはしないんですけど、ニンニクだけは手かざししてから買うんです」

「ほう。それはまた何のために」

「母が手をかざすとニンニクと掌の間に、何か細い糸が何本も出てくるんです」

「え」

「変ですよね。でも、これは本当に出てきてるんです。実はこれに関しては、気のせいじゃなくて、おらの友達と、たまたま一緒に買い物することがあって。その友達が家に遊びに来たときに、母が『買い物についておいで。お菓子を買ってあげるから』とそんなことを言ったからじゃないかと思うんですけどね。あんまり覚えてないですけど。でも、その友達も母とニンニクの間の糸を見て、凄いびっくりしてましたね。だから、本当に出てるんですよ」

「その糸ってお母さまの手から出てるんですか」

「そうなんですかねえ。分からないです。ニンニクから出てるのかもしれないし。でもまあ、出てるは出てる。どっちがから」

「おかしいな、とは」

「子供でしたからねえ、そんなものなのかな、と。大きくなってからは、母と買い物にも行ぎませんし」

「わたし、お母さまに会えたりしませんか」

「いやあ、もう亡くしてるんで」

「そうでしたか。ちなみに太田さんは、ニンニクに手かざしするんですか」

「いやいやいや。ああ。でも一度だけ、母の真似してやったことあります」

「どんでした？」

「どんでした、とは、その、糸が出たかってことですか？」

「はい」

「いやあ。ううん。これ、怪談になるのかなあ」

「いいんですよ、そういうので。わたし、そんな話が大好きなんですよ」

「ああ、そうですか」

「えっとね」

「はい」

糸は、出ました。
でも良い気持ちじゃなかったので、以来やってないです。
今、思い出しても、ちょっとイヤがもしれない。
思い出したぐ、なかったなあ。

鈴木さんの話（女性、つがる市）

鈴木さんはとかく何かに鍵を掛ける習慣がない。

親が戸口に鍵を掛けているのを見たことがなく、自家用車のドアも年中鍵が掛けられていなかったため、結果娘もそうなったようだ。

一応は、就職後に独り暮らしを始めてから程なくして自転車を盗まれたこともあり、鍵の存在を意識してこそいる。

だがいざ掛けるとなると、ことあるごとの瞬間に覚える煩わしさが勝つ。

「おめ、まいねって。おめも一応はおなご(女性)だべ？　せめて家の鍵くらいは気を付けねばまいねべ」

いつもそのことを咎めるのは、五つ歳が離れた兄だった。

ある日、職場からアパートに戻り玄関戸を開け、室内に入った瞬間にぞわりと嫌な予感がした。

自転車を漕いだ帰路の道中はいつもと何ら変わりなかった。見慣れた民家、見慣れた小川、夕方の山並み。嘗て（かつて）と地続きの長閑（のどか）な光景だけがあった。

だが、帰宅と同時に突如前触れもなく、自分の周囲が日常と捩（ね）じ切られた気分になった。

後ろ手で、銀色の鍵のつまみを回した。

つまみが横になる、ガチャッと施錠の音を背で聞く。

つまみから手を離し、靴を脱ごうとするとまた、

ガチャッ、

と、つまみが回る音を背で受け、次には、

ガチャガチャガチャガチャガチャガチャ、と何度も何度もつまみが回り縦横縦横縦横と繰り返す様を見ることになった。

縦になるのはきっと外に何かがいるからだ。
しかし、横になるのが分からない。
施錠解錠が自動で繰り返される現象が終わるまでに一分も掛からなかった。
最終的につまみは横――施錠の向きで終わった。

呆然としながら兄に電話を掛けた。
兄がどうにかして自分を守ってくれたのではないかと、そのときは確信していた。
『何言っちゅうんず？　おめ、疲れてんのか？』
と兄は言い、呆れたようにこの現象への関与を否定した。

藤田さんの話（女性、大鰐町）

近所の川沿いの道を一人歩いていた。土手には体育座りをして並ぶ、学生服姿のカップルがいた。よく見かける光景なので気に留めず、目的地（駄菓子屋だったか、スーパーだったか、それとも気まぐれで、当て所（ど）もなかったかは彼女の記憶にない）に向かった。

少し歩を進めた頃、どこからか「きゃあ」と女性の悲鳴が響いた。立ち止まり、辺りを見回すと先ほどのカップルが川に対峙し、土手で立ちすくむ姿を見つけた。

男は女をかばうように、一歩前に出ていた。

真っ赤な球形のものが川面の上の空中で浮かんでいた。

何だろう、と思いつつも踵（きびす）を返し、また目的地に向かった。

現在齢八十七歳の藤田さん、五～八歳あたりの記憶である。

坂本さんの話（女性、五戸町）

まずは、坂本さんの幼少の頃の話。

家で一人遊びをしていた。

そのとき、子供部屋にいたのか、居間にいたのか、また、何をして遊んでいたかの記憶は定かではない。

当時は古い家に住んでいた。

古い家の隙間風は酷く、黄ばんだ内壁には黒ずんだ染みがところどころに付いていた。

とにかく、床に尻を着けて、何かに夢中になって遊んでいたのは確かだ。

両親は畑に出ていた。

パパとママはいつも通り夕方には帰ってくる、と安心していたことを覚えている。

からには、時刻は昼過ぎのことだろう。

ふと、部屋の中がとても暗いことに気が付いた。

雨雲が掛かってきているのかもしれない。

顔を上げ窓に目を向けると、外は真っ暗だった。

何時になったんだろう。

これだけ暗いなら、もう夜だということに間違いない。

目はすっかり闇に慣れているようで、部屋の中はよく見える。

ただ、まだ小さな坂本さんには、この暗さが少し怖い。

明かりを求めて立ち上がり、蛍光灯の紐を引っ張った。

しかし、いつもならカチリと何かが引っ掛かった手応えがあったのちに点灯する蛍光灯に、いつもの引っ掛かりがない。

故に、明かりが点らない。

何度か紐を引いてみたが、やはりカチリといかない。

そうして紐を掴んでいるうちに、明かりの代わりにもならない涙がぽろぽろと溢れてしまった。

「ママ、ママァ」

心細さを紛らわすために、呼びかけの声を上げて泣いた。

「あらぁ、どうしてこしたに(こんな)真っ暗なのぉ」

のんびりとした女性の声が聞こえた。

母のものではない。

「どうしてだのぉ。どうして、こしたに真っ暗ぁ」

坂本さんは声がどこから聞こえてきているのか分からなかった。

それは遠くからのようにも近くからのようにも聞こえる響きだった。

「どうしてだべのぉ」

所在が分からぬ女の声はなおに不安を煽った。

「ママ、ママ」

「どしたのぉ。ママじゃないよぉ」

「ママァ！」

「出でいげ！」

場を切り裂くような大声が部屋に響いた。
反射的に坂本さんの背筋がぴんと伸び、ふっと空気が軽くなった。
声のするほうへ振り返ると、母が立っていた。
「怖がったべ。怖がったべ」
そのときには夕方の明るさが戻っていた。
坂本さんはしゃがむ母の胸に顔を埋め、頭を撫でられながら更に泣いた。

次に坂本さんが子供を産み、十九年が経ってからの話。
正月に帰省した息子に「大学はどんだ。楽しいが」と訊いた。
息子は「いやあ。何だが、うん。最近は体調が悪い」とかぶりを振った。
坂本さんはなぜか反射的に、
「出でいげ！」
と叫んでしまった。
自分でも意味が分からない行動だった。
まともに考えたら、息子に突然勘当を言い渡したことになる。

「お母さん、それ良いね」

息子は一度、ぴんと背筋を伸ばしたのちにそう言い、

「何か、すっきりしたかもしれない。出ていったと思う」

と続けた。

青森の暮らし　二

青森県の農林水産業は全国的に見ても盛んで、りんご、ニンニク、ヒバ、採卵鶏、豚などと、ホタテガイ、クロマグロなど海産物が主要な農林水産物となっている。

豊富な海と山に囲まれていることで自給自足率が高く、鮮度の良い食物が流通し易い環境である。

その反面、後継者と若い働き手の不在による各産業の人手不足にも悩まされており、遊休農地、荒廃農地を目にする機会も少なくない。

大瀬さんの話（男性、東京都在住、妻がおいらせ町出身）

大瀬さんが妻の実家に滞在していたときの話である。

車窓から太平洋を眺めていると、一隻の小さな漁船がゆったりと漂っているのを見つけた。乗組員はブリッジにいるのだろうか、デッキに人の姿は見えない。

「年季が入った船だなあ」

運転席の彼女にそう言った。

「あれ、あんまり見ないほうがいいよ」

彼女は前を見たままだった。

うんざりしたような口調が気に掛かる。

「船に失礼かな。あっちからも見られてるって分かるものなの」

「ううん。そういう意味じゃなくて」

声音に苛立ちも加味された。

「何の話だっけ」

不機嫌の理由は分からないが、なるべく刺激しないようにとぼけて質問した。

「誰も乗ってないでしょ」

「うん。甲板にはいない」

「それ、誰も乗ってないのよ」

「え。それって良いんだっけ。危なくないかな」

と言っている間に、船はみるみる沈んでいった。

「見たでしょ」

と、相変わらず前を向いたままの妻が吐き捨てるように言った。

「い、今のって」

「もうやめて。その話はしたくない」

妻は車を少しだけ加速させた。

この一連について義父に問うと、「ああ」とのみの返答があった。

義母は「うわあ」と眉を顰(ひそ)めただけだった。

吉田さんの話（男性、八戸市）

実家が海沿いなんですけどね。

船のエンジン音が聞こえてきたことが何度もあります。

ええ。ええ。

そりゃあもう、海上に船がちゃんといるときもあれば、一隻もいないときもありますよ。

つまりは、いない船からもエンジン音が聞こえてるってことですよね。

わたしなんかは音だけですけど、そういう、霊感っていうんですか。そういうのが強い人だと視えてるかもしれませんよね。

何が視えるんですかね。

想像したらちょっと怖いな。

種市さんの話（女性、十和田市）

七月、日中のことだった。

散歩の途中近所にある広大な野菜畑にふと目を遣ると、少し離れた地点にところどころが千切れボロボロになった作業服を着た老婆の姿があった。

老婆は何をする訳でもなく、畑の中でほうけている。

顔には遠目でも目立つほど土が付いていていて、無視をして通り過ぎるには様子が芳しくない。種市さんは「こんにちは！」と声を張り、老婆の注意を引こうとした。

老婆はゆっくりと顔を種市さんに向けた。

次第に深い皺を持つ汚れた顔の様子が見て取れていく。

恐らくは既にこちらの存在を認識しているのだろうが、歩み寄ってくる様子はない。

一陣のやませが種市さんの顔に吹き付けると、意図せず目が潤み、視界が霞んだ。

老婆の身体が少し浮いた。

そして、まるでやませの勢いに任せるように、まるで路上をたゆたうビニール袋のように、どこかへ飛んでいった。

唐牛（かろうじ）さんの話（女性、青森市）

毎朝、青森駅から電車で通勤してるんです。

職場は着いた駅からちょっと離れたところです。ごく普通の事務員です。

その日は仕事が終わって、まあ、普通に、いつも通りに電車に乗って。

ああ。疲れだなあ。

早ぐ家さ帰りたいなあ。

って、そったこどを普通に思ってました。

そしたら、あだし（わたし）、殆どそったこどないんですけど、ウトウトしてまったんです。ねぷ（眠）たくなって。

別に残業あった訳でもなぐ、普通に仕事してで。まあ、こったの本当にあんまりないんですけど、電車の中で寝ってまったんですよ。

冬のこどだはんで、足下が暖かくて、わりと、普通に気持ち良ぐ寝れて。
で。
とんとん、って肩とば叩かれだんです。
あ、やべ。
寝過ごした。
って思って、パッと目を開げだら。
海沿いの公園のベンチさ座ってだんです。
すっかり夜さなってで、もう九時は過ぎでだべね。
うっと身体が冷えでまってで。
あれえ、あだし、なしてこったとごさいるんだっけぇ、ってしばらぐ考えで。
スマホ見だら、心配してら家のお母さんから、何回か着信も入ってで。
ああ、やばいやばい、と思って立ち上がろうとしだら、こんど、まだ、肩とば、
とんとん、

って叩かれで、このときは何だか振り返ったらまいね（だめ）な気がしたはんで、無視して、むすむすど駅さ向かって歩ぎました。

高橋さんの話（男性、平内町）

1

高橋直樹さんの実家は北の海と南の山に囲まれている。
南の山は標高が低く、東西に延びている。
高橋さんは今に至ってもそのとても小さな山脈の名前は知らない。
ひょっとしたら、丘、と表現したほうが正しいのかもしれない。
子供の頃、友人達とその山でよく遊んでいた。
夏になると、山菜が取れる。しかして、ときには大人の姿も山にはあった。
海では漁が盛んだ。
高橋さんは大学進学を機に上京し、そのまま都内で就職している。

人口約一万の平内町出身者について、仔細に触れる描写はプライバシー保護のために割愛させていただく。先述した東西南北の位置関係も出鱈目であることを断っておく。

ともかく、両親との仲があまりよくないこともあり、高橋さんの帰省は稀であった。

そして、その何度目かの稀の機会があった年、こんなことがあった。

2

高橋直樹は駅を出てすぐ、晩秋の快晴の下で立つ松岡浩二の姿を確認することができた。

高橋が持つ彼のシルエットに関する最も古い記憶——小学校の頃と何ら変わらないずんぐりむっくりとした松岡は、竹馬の友の姿を捉えると、相変わらず人懐っこい笑顔で軽く手を振った。

「直樹、久しぶりだ」

「おう。車出してもらって悪いな」

「何もよ。おめ……言葉っこがまんだ綺麗になったのが？　気のせいか？」

「ああ。かもしれねえ。カミ(東京)だと……カミだば、まんず方言使わないからな」

「ああ、んだべな。おらには分がんねえけど、そったもんだべな」

松岡はこれまでの生涯を、平内町から一歩も出ずに暮らしていた。未知の人生経験を積んでいる高橋に卑屈な態度を取らずにいられるのは、彼の持ち前の性格の良さが為せる業である。松岡は高橋が知る人間の中で、最上級に素直な男だった。

ミニワゴンは故郷へ向けて進んだ。道中には高いビルの一つもなければ、うんざりするような交差点の人混みもない。助手席の窓を少し開けると、澄んだ風が労うように高橋の頬を撫でた。今回の帰省は三泊四日の予定だった。両親にこそ会いたくないが、このまま好きなだけここにいられるなら、喜んで滞在を延ばしたくなるほど心地よい空気が車内に入る。「直樹は、結婚の予定はねえんず?」松岡が言った。

「ねえな。今は彼女もいないし。結婚願望がそもそも薄いんだよ」

「そうか」

「浩二はよ?」

「今、迷ってるんだよ」

それは昔の高橋なら堪えきれずに大笑いしてしまうような発言だった。だが、大人になった今では分別がある。無精ひげを生やした、眉の濃い友人の目は至って真剣だった。

「そろそろ、腹を決めないとなあ」松岡はそう続けてから押し黙った。

高橋は詮索するべきかどうか迷ったが、車内にどこか不穏な雰囲気が漂ったことを察し、嘗ての同級生達のその後を訊ねて話を逸らした。

うんざりする家路への忌避感から、高橋は夜になるまで二人で時間を潰したく思っていたが、松岡にはそのつもりはなさそうだった。一時間を少し過ぎ、実家のある町に入った。

「墓参りするくらいで、後は暇だからさ。夜にでも呑みに行こうよ」

別れ際の高橋の提案を松岡は二つ返事で了承した。

3

高橋の実家の土地は代々引き継がれたもので、節目節目でリフォームを重ねていることからそこそこに真新しく、広い。高橋の妹も県外に移っており、今は共働きをする両親だけがそこに住んでいた。兄妹間で両親の死後、この土地をどうするかについて話し合ったことがあり、満場一致で「売る」ということで決定している。「税金ばっか掛かるなら、意味ないよ」と言った妹は兄にも増して家系と故郷に思い入れがないようだった。

無言で実家の玄関戸をカラカラと開けた。居間に誰かがいることがテレビの音で分かった。そのまま二階に上がり、自室へと引っ込む。後で帰宅の挨拶がなかったことを父が咎めてくるだろうことは想像が付いたが、高橋はとことん家族への無視を決め込むつもりでいた。親とのコミュニケーションが何か建設的な結末を迎えたことは、高橋の記憶に残っている限りでは一度もない。この家にいると常に胸くそが悪い展開になるのだ。

ずっと敷かれたままの少しかび臭い布団があるベッドで横になると、瞬く間に眠気が押し寄せてきた。

そして、夢を寄せ付けない深い眠りが終わると、外はすっかり暗くなっていた。

両親とも息子の帰宅は知っているはずだが、今の今まで声掛けの一つもないなら、コンタクトを取る気がないのだろう。

なぜ、帰ってこようと思ったのだろう。盆でもないのに、ふと先祖の墓参りをする気になった理由が今では分からない。

高橋に後悔はなかったが、なぜ、とは考えてしまう。

気まぐれな判断は好まない。

前回の里帰りでは父と口論をし、二度と帰ってくるものかとうんざりしたのだ。

だが、家に縛られているのだろうか、たまには我慢してでも帰らねばという思いに囚われ、結局はこうやってジレンマに苦しむ。

目ヤニを手でこすると、波の音が微かに聞こえてきた。

小腹が空いていたが、コンビニまで歩く気にはなれない。高橋は最早気軽に冷蔵庫から食べ物を取れる仲が、母との間に残っている気がしなかった。

携帯を開くと、現在が深夜一時を回っていることと、松岡から早々に『わりい、呑みに行けなくなった』と断りのメールが入っていたことを知った。

高橋は友人との約束をぼんやり思い出すと、また睡魔に襲われた。

そうして、また、夢のない眠りに入った。

4

着替え一式を手に一階に下りると、居間では両親が黙って朝食を食べていた。

「起ぎだが」

と父が言った。

機嫌の窺えない口調だった。

「あんた、どうやってきたの。タクシーが？」

母はまるで久しぶりの息子との面会を怯えるように、いかにも気まずそうに訊くと、すぐに目線を味噌汁の入った椀に落とした。

高橋は「浩二に送ってもらった」と応えた。

「松岡君か。元気か？」

父がまたも曖昧な口調で言った。

「元気だよ」

高橋はそう言いながら、浴室へ向かった。

熱めのシャワーを浴びて、服を着るとすぐに外へ出た。

高橋に行く当てはなかったが、とりあえず外の空気を吸いたかった。

肌寒さを感じながら堤防沿いを歩きつつ、今日中に墓参りを終わらせて、すぐにでも東京に帰る算段を立てる。田舎のムードに惑わされていたようだが、やはり、ここ——両親が存在する場所には長居無用だ。実家を当てにせず、ホテルに宿泊するべきだったのかもしれない。

高橋は現在退屈している旨をしたためたメールを松岡に送った。

堤防の階段に腰掛けて煙草を吹かしていると、程なくして松岡から「今から車で向かう」と返信があった。

松岡は高校を卒業した後、数年は地元の小さな企業で働いていたものの、どうにも職場の水が合わずに辞職していた。以来、現在に至るまで時々短期間のアルバイトをする以上の労働をしていない。社会に出るには心が清すぎるのではないかというのが、高橋の見立てで、辞職したことについて詳しく本人から聞いたことはない。しかし、きっと社内でイジメにでも遭っていただろうことは想像に難くない。

松岡は見知らぬ喫茶店に高橋を連れて行き、高橋はお礼にモーニングセットを奢った。後はコンビニで線香を買って、松岡に墓所まで乗せてもらえばいい。浮いた休日を使って仙台観光でもしたら楽しかろう。

「直樹に会わせたい人がいるんだばって」

松岡はいかにも覚悟を決めたようにそう言った。

「え？」

「おらの彼女なんだけど。まだ誰にも会わせたことないから、直樹にだば会ってもらいてえなあ、と思ってさ」

「おお。おお。彼女か。こんなに朝早くて大丈夫なのか。幾ら日曜日でも、急なんじゃないか。向こうも初対面では気まずいだろう。このことは事前に約束してるのか。気まぐれに連れ回されたら彼女も嫌だろうに」

見知らぬ女性との面会を妙に照れ臭く感じた高橋は、一旦この道筋を何とか回避できないかと早口で捲し立てた。

「粗相したらよくないだろ。やめようぜ」

「心配ねえがらさ。つれねえこと言わないで」

松岡は紙ナプキンで口を拭くと、車の鍵を掴んでポケットに入れた。

高橋はこのとき初めて、松岡の人柄が以前と決定的に変わってしまっていることに気が付いた。長らく会わぬ間に、これほどの主体性を帯びたとは。

しかし、まだ、不遇な友人の変化を喜ぶべきかどうかは分からない。

5

ミニワゴンは海と山に挟まれた道を進んだ。

外にあるものは、何もかもが見慣れている。

だが、ハンドルを握る友人が浮かべる表情はまだ見慣れていない。

顔全体を紅潮させ、目は釣り上がっている。

交際相手を人に紹介するくらいで、ここまでの興奮状態になれるものだろうか。

松岡は早口で何事かをつぶやいていたが、高橋の耳はその内容を捉えることはできなかった。ハンドル捌きは至って紳士的であることが、より違和感を強調させていた。

車は段々と海から離れていき、山越えの道路に入った。

彼女の家に連れて行こうとしているのか、それともどこかで待ち合わせをしているのか、高橋は何一つ聞かされていない。

松岡は中腹にある路肩で停車し、「ここから歩くはんで」と言った。

「こんなところで待ち合わせか」

「いや、彼女はここにいるんだ」

この辺りに建物などあるのだろうか。あっても山小屋が関の山だろう。

松岡は林の間を縫うように歩いた。傾斜がはっきりしているので迷うことはなさそうだが、松岡の後ろについて道なき道を歩くのは骨が折れた。この時点の高橋は、ひょっとすると自分は松岡の独特なユーモアに振り回されているだけなのかもしれないと疑っていた。

この不可思議なツアーを終えて町に戻ったら、大体昼過ぎになるだろう。車道からすっかり離れると、高橋は空気の冷たさを感じた。

松岡が進む先に、小祠が見えた。

明らかに歩調が速まった松岡にぴったり付くのを諦め、高橋も小祠を目掛けて足を動かすことにした。

6

「はじめまして」女は挨拶をした。

「はじめまして、松岡のダチの高橋です」

女はまた挨拶をした。

「はじめまして」

そのまま、何度も何度も挨拶をした。

「はじめまして」

「はじめまして」

「はじめまして」

はじめまして。

7

高橋は実家まで歩いて戻った。歩いて戻った記憶はなかったが、すっかり夜中になっていたことと、玄関に脱ぎ捨てられた酷く汚れたスニーカー、疲れ切った下半身の重み、断片的ではあるが記憶に残っている帰路の風景が、足を使ってここまで来た事実を物語っていた。

8

高橋はその翌日、東京に戻った。

9

それからの高橋は、毎年の正月と盆、ゴールデンウィークと欠かさずに、故郷へ帰るようになった。両親は相変わらず無意味な小言が多かったが、気変わりした息子の帰省を喜んでいるようだった。

松岡とは今も交流している。

だが、あの日以来、小祠の彼女に関する話は一度も出ていない。

高橋はずっと心配している。

あの日の記憶が夢でないなら、この愛すべき友人はいつかあの胡乱（うろん）な女に連れ去られてしまうのではないかと、ずっと不安を覚えている。

あれが夢でないなら。

三メートルほども背丈がある女があの祠にいる。
あれが夢でないなら。
真っ白い世界があの祠の周りに広がっている。
あれが夢でないなら。
高橋の心はあの女に奪われている。

はじめまして。

女の眼球は真っ黒だった。
あれが夢でなかったとして、高橋は自分に何ができるのかを知らない。
松岡に女の話はできない。
そうしてしまうと、絶対に夢ではなかった証しが生まれる。
いつ会っても元気そうな松岡の姿だけが、せめてもの救いだ。
このまま、何も変わらなければいいのに、と高橋は思う。

青森県の暮らし　三

青森県は西の津軽地方、東の南部地方、北の下北地方と三つに分けることができる。県の東半分ほどに当たる南部地方は県を超えて南方に亘っており、岩手県北部、秋田県の北東の一部まで及ぶ。

津南を分けるのは奥羽山脈。

「津軽」「南部」の呼称は、中世戦国時代に青森県全域などを所領としていた「南部氏」、同時期に南部氏の家臣として津軽地方を統治した「津軽氏（旧大浦氏）」を由来としている。

青森には、南部氏から謀反の疑いを掛けられたことを機とした津軽氏の独立から始まる、遺恨と血にまみれた歴史がある。

県内では現在でも「いかに、かの時代の津軽氏が非道であったか」について茶飲み話をする文化がある。

山田さんの話

（女性、東北町）

小さな公園のベンチに、甲冑を着た男が三人座っていた。
何かの撮影であろうと、横目で見ながら公園の中を通り過ぎようとした。
三人組はおにぎりを頬張っていた。
微笑ましさを感じて、ふと足を止める。
すると、どこからか矢が飛んできて、甲冑の一人の胸に刺さった。
しかし、矢の攻撃などどこ吹く風とでも言わんばかりに、ゆっくりとおにぎりを食べる
三人の姿を見て、ああ、これは何だか違う、と思った。

川村さんの話（男性、新郷村出身、弘前市在住）

高校生の頃、家族で弘前巡りをした。

弘前公園に行き、藤田庭園に行き、ねぷた村、武家屋敷なども見て回った。

夕飯もそのまま弘前で焼き肉を食べ、家に着いたときにはどっぷりと暗くなっていた。

両親と妹が一緒に寝室に引っ込み、川村さんも眠気に背を押されながら自室のドアを開けた瞬時。

つん。

と嗅いだことのない強烈な異臭が部屋の中から漂った。

何事か。

臭いだけではない。様子が分からないほど自室の中が煙っている。

何かが燃えているのか、ならば火事だ。

そんなことを思いながらも、部屋に吸い込まれるように足が一歩、二歩と前に出る。

そして、煙の中にたくさんの身体が上を向き、横を向き、仰向けになり、倒れているのを目にする。

が、その光景に戦慄し身を固くすると同時に、自分が冷や汗に包まれながらベッドに横たわっていることに気づき、何だ夢か、と思った。

それでも翌日の朝食時、家族全員が同じ夢を見たというので、夢ではなかったのかもしれないという話になる。

相馬さんの話（女性、弘前市）

父をもう亡くしてまして。生前、父は酔っ払ったときに、よぐあたし達姉妹に「おらんどの先祖は名武将だったんだど」と話してたんです。

したばって、あたし達が武将の話聞いておもしぇえわげないでしょ。

「まんだ始まった」って話半分でテキトーに聞いてだんです。

ここからは父を亡くしてからの話になるんですが。

あたしが大きぐなってから、友達数人と○○神社（県内でも有名な神社。風評被害を避けるために名称は伏す）に行こうという話になったんです。

そういえば、あの神社は行ったことないなあ、と思って。

意外と近場の観光地って行ってなかったりしますよね。

でも、いざ神社の鳥居を目の前にしたら、そこから一歩も進めなくなったんです。

ここに入ったらまいね、って思って。

胸がざわざわするっていうが。

友達はみんな普通にしてるから、あたしだけそうなってるんだべなぁ、と。

どうしてもまいねはんで、友達に「ごめん、あたし無理」って喋って、あたしだけ車で待つことにしたんです。

それで、その日は終わって。

いやあ、こういうの始めてだなあ、と思ってた割には、すっかど（すっかり）その日のことは忘れでまってたんです。

そのあど。ずっとあどで、お母さんと喋ってらときに、「そういえば、お父さんがむがし（むかし）に話していた先祖って誰なの？」とあたしが訊いてみたんです。

何となぐそういう話の流れになったんです。

本当に何となぐです。

「お父さんの御先祖様、小笠原信浄ってすんだよ」

「のぶきよ？　知らない名前。その人が有名な武将なの？」

「有名かどうかよりも、由緒があるってことだべね。小笠原信浄は津軽氏の家臣の御三家の中の一人と言われて、歴史に名を残している訳だから」

「へえ。そんな家柄だったの」

相馬さんは子供の頃に聞いたときよりもずっと興味深くその話を聞いた。

思えば、「のぶきよ」という名を父も口にしていたような気がする。

思い出の欠片の輝きを感じ、相馬さんは先祖について調べた。


そいで。

あっ、と思ったんですよ。

信浄が知略に長けてたということを知ったんですけどね、ああ、もしかしてあのあたしが入れなかった神社、そのせいなんだべがって。

だって、あの神社、津軽為信とば祀ってるでしょ。

賢い家臣が権力者に取り入るために、何をしたんだが考えれば、そりゃあ色々あるでしょう。政治ってば、そういうものじゃないですか。

だから、おっかねがったのかも。

為信がおっかねえがら、そこさ入ればまいねって、血が騒いだのがも。

あたしの考えはそれなんです。

そいだば、神社であったあの生まれて初めての感覚にも納得がいくなって。

相馬さんの話が終わった後、わたしは「この話を本に書いたら、個人情報大丈夫ですか？だいぶ血筋に関して触れることになりますが」と訊ねた。

すると相馬さんは、

「ああ。それは大丈夫。信浄の子孫なんていっぱい、いるはんで」

と手を小さく振り、武将のごとく豪快に笑った。

青森の暮らし　四

筆者は弘前市の弘前公園の追手門――市役所や図書館などがほど近い家で生まれている。妻子と住む家はまた違う所にあるのだが、十五分弱歩けば、実家にたどり着く程度しか離れていない。弘前市随一の盛り場である鍛治町までも、実家であれ妻子との家であれ、歩いていくことができる。

不況という言葉が今ほど世間に常態する前は、実家から駅に至るまでの道程に、たくさんの店舗が並んでいた。八百屋、魚屋などもすぐ近くにあったが、今はない。

一方で、実家から現在家族で住む家までの道程には、嘗て古い家と空き家、空き地が多かったものだが、今では新築の家が次々と建ち並んでいる。何かが失われても、何かが創造される。景気は良いに越したことはないのだろうが、過去に囚われるよりも、今の子供達、これから生まれる子供達の原風景を否定しないようにしたい。

歳のせいか、道を行く学童を見ると微笑んでしまう。少子化が進むほどに、登下校をする学童の尊さを感じる。今から数十年もしたら、そこかしこにある学校の中には、機能を止めるものもあるのだろうなと思う。

冬は厚い雲が太陽を隠す。

筆者は車両免許の類いを一つも取得していないため、単独行動を取る場合は徒歩、自転車、公共交通機関、タクシーでの移動が主となる。降雪の時期を目前とした頃に、相馬地区へりんご捥ぎのアルバイトをしているのだが、相馬地区まで自転車で行くのは、アップダウンが激しい勾配のせいで、難儀だ。

単独で下北、南部地方へ行くのは殊更に難儀なのだが、この場合は懐が難儀する。というのも、どうせ奥羽山脈の向こうへ行くのなら、泊まりがけで行きたい。ならば交通費に宿泊代、飲食代も掛かる。友人が運転する車で日帰りをしたことは過去に何度かあるものの、毎度弘前に戻ったときにはとっぷりと暗く、たっぷりと疲れているのである。

もし青森県がおしなべて平地ならば、これほど暗くもならず、これほど疲れもしなかっただろうが残念ながら、そうではない。

金澤さんの話（女性、某市）

場所は秘す。

金澤さんは話の始めに、

「わたしが住む家の近くにある、とある中学校では」

とでも言ったとする。もしかしたら「これは青森県内の話ではないのですが」と言ったかもしれない、などと念を押して場所の特定を避けようと思う。

ある中学校の三階にある、「一年七組」には特殊なルールがある。

それは「教室が学業の役割を終えた後の清掃後、必ず教室の窓全てと教室に面した廊下の窓のカーテン全てをしっかり閉める」というものだ。

低学年の教室は、高学年が清掃を担当する。

教諭は高学年にそのルールをしっかり教えた上で掃除をさせている。

他の教室ではそんなことをしない。

当然、する意味はないだろう。

「一年七組」だけがそのルールを徹底するようにしている。

これから書くのは、そのルールが生まれる前、あるいはそのルールが破られたときに起きたことだ。


宿直の技能技師の他、校舎には誰もいない夜。

近隣の住宅から電話がある。

『明かりが点きっぱなしの教室がありますよ。ええ。三階の端です』

言われた技能技師は確認に行く。

が、明かりはどこも点いていない。

電話の主は一年七組の場所を告げていたので、念の為に教室の蛍光灯を点けて中を確認しさえもしたが、異常はない。

大体、一度点検をしてから宿直室にいるのだから、それはそうだろう。校舎の出入り口はどこも施錠してある。

宿直室に戻ると、また電話が鳴った。

『あの。わたし、ずっと校舎を窓から見てたんですけど。一度教室の明かりが消えて、暫くしてからまた点いたときに、あなたらしき人の姿が見えました。ええ。あなたが到着する少し前に消えたという感じでしたよ。それでね、また点きましたよ。今も点いてます』

そう言われたからには、また確認をしなくてはならない。

が、またも異常はなし。

が、また電話。

もう一度。

が、また電話。

『あのう。今は髪の長い人が教室の中をうろうろしてますよ。大丈夫なんですか』

「一年七組」はこれまでの学校の歴史の中で、突出して学童の事故が多く、そのまま亡くなった者も幾人かいるため、関係者も「七不思議」で片付けられなくなっているようだ。

学校関係者の中にも、消えているはずの教室の明かりが点っているのを間近で見た者がいるそうだ。

秋元さんの話（女性、青森市）

秋元さんは夜のドライブが趣味だ。

元々は好きな音楽を大音量で聴くために、車に乗り込み人里離れた方向へ走るようにしていただけだったが、そのうち運転そのものに快楽を覚えるようになった。

カーブに合わせてスムーズにハンドルを切り、適切な所で適切にブレーキを踏む、その行為を無心でするのが楽しくてしょうがないのだという。

曰く「スピード狂という訳ではなく、夜の郊外を走っている時間が好き」。

今では音楽も掛けずに、「黙々と」夜道でハンドルを切っているのだから、まさしく「趣味」と言っていいだろう。

わたしは「冬、どうしてるんですか？」と訊ねた。

青森市の降雪量は例年弘前市よりも多いと相場が決まっている。

冬の郊外を夜な夜な走るのはキツかろう。

「あ、まあ。安全運転で」彼女は事もなげにそう言ってのけた。

もちろん、春夏秋冬待ったなしで仕事のために車を走らせる者もいるのだから、あり得ない話では毛頭ない。しかし、運転者が幾ら安全を心がけていても、前後左右に位置した他車の動きまではコントロールできない。

運転免許がなく、更には幾らかの不安障害の気すらあるわたしには、彼女が「趣味」に命を賭しているように見えてしまう。

「運転自体は怖ぐないんですけど――」

彼女はわたしから目線を逸らし、何かを思い出したようにそう言った。

取材時、折しも喫茶店の外では雪が降っていた。

「――冬は。んですね。冬は気を付けたほうがいいです……」


ある冬の晩のことである。いつも通りに仕事を終え、いつも通りにアパートへ帰り、いつも通りに手作りの夕飯を摂ると、彼女は外に出て、ほんの二時間弱の間とは思えないほど車にたっぷり積もった雪を、かじかむ手で持つスノーブラシで落とした。

吹雪が強くなっていた。

ジャンパーのフードを被り、耳を守る。

明日の朝にはだいぶ積もっていることだろう。少し早起きをして、駐車場の雪掻きをしなければ。そんなことを思いつつも、秋元さんはごくごく当たり前のこととして運転席に身体を滑り込ませた。常人ならこんな夜にドライブをしようとは思わないだろうが、彼女は槍が降ってもドライブがしたいという、奇特なタイプなのである。


ただ国道をひたすら走り、帰りたくなったら帰る。

安全運転は心がけているし、こんな夜は車間距離をしっかり取ることも忘れない。

彼女はワイパーを高速で動かし、ホワイトアウトしている前方に目を凝らしつつドライブを楽しんだ。

道路上にはそこそこに車がいて、皆が何かしらの用事をこなすために必死でハンドルを操っていた。

暫く真っ白な世界を走り抜けていると、ふと身体に怠(だる)さを覚えた。

肩と足腰が重く感じる。

ウィンカーを点けて広い路肩により、ハザードを焚いた。

シートを少し後ろに倒すと、次は首元に寒気が訪れた。

風邪かな。

帰らなきゃ。

シートを起こすと、ボンネットの真ん前に立つグレーのスーツを着た男が目に入った。

男の顔には皺一つなく、真っ白な肌色だった。直立の姿勢で、こちらを向いて立っていた。オールバックに撫でつけられた黒い髪の様子も相まって、男はヴィジュアル系バンドのボーカルを思わせる雰囲気だった。

まともに考えて、不審者と思うべき輩である。

だが秋元さんはなぜだか、その男が困っているように見えた。

こんな吹雪の夜にあんな寒そうな姿で立ちすくむには、何か理由があるのだろう。

民家は近くにない、もしかしたら車両の異常で立ち往生しているのかもしれない。

困っているのなら助けてあげなくては。

自分に何ができるだろうか。

シートベルトを解き、運転席側のドアを開けようとするが、吹雪をもろに食らったドアは重く、彼女は全開を待たずに半身を外に出した。顔面に雪の礫(つぶて)が当たった。

「大丈夫ですか！」

強風に負け、目から自然と涙が零れた。

男の姿は既になかった。

慌てて周囲を見回したが、テレビのスノーノイズさながらに視界は白くざわめくばかりで、仮にすぐそこに男が立っていたとしても見つけることはできそうになかった。

「まだ、そこにいますか！」

そう叫ぶ己の声がどれほどの声量なのかも判断が付かない。

何度か呼びかけの声を上げるも、男からの応答はなく姿も見えないままだった。

また、身体が重くなる。

秋元さんは自身の体調を第一に取り、後ろ髪を引かれる思いのまま、再度車に乗り込み、サイドブレーキを解除するとゆっくりとアクセルを踏んだ。

帰路の途中で吹雪はまるで全てが嘘だったように止んだ。

メモリを弱にして点け放しにしていた灯油ストーブのおかげで、部屋は程よい暖かさで秋元さんを迎えてくれた。

体調は幾分ましになっており、体温を測ると平熱をやや下回っていることが分かった。
風邪ではなさそうだ。
大事を取って、早く寝よう。
枕に頬を当てて目を瞑ると、あの男の立ち姿が脳裏に蘇った。
灰色のスーツと真っ白い顔。
目鼻の凹凸ははっきり見えなかった。
不思議と横殴りの雪が着衣に付いていなかった。
そんな記憶。
もう夢の中にいるのだろうか。
あたしはもう夢の中に。
いるのだろうか。
だって、あの男が。
今、部屋の中にいるような……。
いるような気がする……。

翌朝、秋元さんは体調に何の問題もなかった。

いつも通りに車に乗り、いつも通りに会社に到着する。

いつも通りに帰宅し、いつも通りにドライブに出る日がまた続いた。

いつもと違うのは、彼氏だった。

久しぶりのデートのために、彼のアパートまで迎えに行った。

車に近付いてくる彼は怪訝な顔をしていた。

彼は助手席側に寄りつく様子もなく彼女を睨み、まるで威嚇するようにボンネットの前をゆっくりと歩く。

そして、運転席の窓に顔を近付けると、

「誰いだんず？」

と低い声で言った。

眉間には深い皺が寄っている。

彼の目線は後部座席に向いていた。

「誰ってば？」

誰もいない、はず。

秋元さんも即座に振り返るが、自分のセカンドバックが一つあるのみ。

次に顔を窓に向けたときには、彼は白目を剥き、立ったまま小刻みに震えて泡を吹いていた。

「どしたんず！」

その声掛けと同時に彼は操り人形の主がいなくなったようにその場で倒れた。

救急車の中ではっきりと意識を取り戻した彼は、「小学生の頃、何回かてんかんを起こしていた」と救急隊員に告げ、のちの検査でも健康状態に異常は見られなかった。

その日以来、彼は遠くなった。

スマートフォンの中では今までと変わらないのだが、全く彼と対面することができなくなった。あちらからデートに誘われることはなく、こちらから水を向けても体よく断られる。恐らくはあの日の救急車騒ぎが原因だろうとまでは理解していたが、理由をはっきり言ってくれない彼に苛立ちを覚えた。

彼への不満が募り、結局は秋元さんも連絡を取るのを止めることにした。

夜のドライブは変わらず続けていた。

いつも通りに冬が終わり、いつも通りに春が来た。

久しぶりに会った友人が「痩せた？」と訊ねてきた。

鏡を見ると、確かに随分痩せていて、濃い隈ができていた。

小包を届けに来た配達員は、彼女の後ろの空間に向けても頭を下げた。

寝付きの悪い日が増えた。

秋元さんは段々と、日常がいつも通りではなくなってきていることを感じていたが、それでもドライブだけは欠かさなかった。

ドライブをしている時間だけは不安と憂鬱を忘れることができる。

そう、何も考えずに。

何も。

何も？

夜。消灯後もまんじりとしない間、彼女はここ暫くのドライブに関する記憶が自分に殆ど残っていないことに思い至った。乗車しエンジンを掛けたこと、降車しエンジンを切った場面しか思い出せないのだ。

連日どこをどう走り何を考えていたのかについてが、すっぽりと抜け落ちている。

いつからこの記憶の欠損が始まっているのかも分からない。

つい二時間前もドライブをしていたはずなのに、まるで眠っていたかのように時間が過ぎている。

必死で思い出そうとすると、吹雪の日に遭遇した男の白い顔ばかりが脳裏を過った。

何かが起きている。しかし、何が起きているのかは分からない。

まだまだ眠れそうにない。

なぜ、記憶がない。

それほどぼんやりしていた訳がない。

あくまで今、自分は思い出せていないだけなのではないか。

ある種のパニック状態なのかもしれない。

秋元さんはスウェットの上に薄手のジャンパーを羽織り、車のキーを手にした。

アパートから出て、すぐ前の駐車場へ小走りで向かう。

記憶はできている。

愛車のドアを開け、乗り込む。

記憶できている。

キーを回す。

出発。

あの場所へ。


あの場所さ。

あの、おらが死んだ場所さ。

酒呑みすぎたんだね。

だぁ(だって)、あのおなご(女性)たげ呑ませるはんで。店のこど考えたら、呑まねばまいねべ。常連だもの。頑張って呑まねばまいねべさ。

代行遅ぇはんで、自分で車引っ張ったんだ。

たっきゃ(そうしたら)、死んだ。

そいで、死んだ。


キーを抜く。

外へ出る。

彼女は布団に入り、眠った。

「……多分、あの路肩だんですよ。あの路肩で亡くなった人がいるんです。多分。ただ、後で探しても場所は分がらなくて、本当は手でも合わせられればいいんですけど」

わたしはずいぶんと不均衡な体験談だと思った。

自身が「感じた」という〈白い顔の男〉の死因を急に告げると、秋元さんはその後について パタリと口を開かなくなったのだ。わたしは困惑して食い下がった。

「ちょ、ちょっと待ってください。今もその男……そのお化げたけんたものを感じだりするんですか」

「いえ。今は普通です」

「そうなんですか。しかし、どうやって普通に。お祓いとかでもしたんですか」

「いえ。何もしてないです。気が付いたら普通になってました。体重も戻って、彼氏からも謝罪の連絡が来て。元通りです」

それ以上、彼女からこの怪異体験に纏わる新しい情報を得ることはできなかった。

怪談作家として、この話にあえてエピソードを付け加えるなら、わたしはこんな事実と臆測を置いておきたい。

秋元さんは「今は普通」と言ってのけた瞬間、一度だけ斜め上を見て、次に下を向いた。普通なら気にも留めない動作だ。

しかし、おや、とわたしは思ったのである。

というのも、この彼女の僅かな仕草を見たのは、彼女がこの奇々怪々な談話を披露する序盤の〈何かを思い出したとき〉以来だったのだ。

こうして、その場では言葉にしなかった、あるいは、したくなかった何かが彼女の体験の中にまだあるのではないか、とわたしは内心で疑いを持った。

わたしは組んだ足を解き、居直って深く息を吐いた。

据わりの悪いテーブルが少しだけ揺れた。

彼女はわたしの後方——窓に目を向けていた。

外は酷く吹雪いていた。

青森の暮らし　五

「カミサマ」とは東北における民間の巫（かんなぎ）の呼称である。

全国的には同じく東北の巫「イタコ」の名のほうが有名であるが、こと現在の青森県に於いては常に恐山にいるイメージを持ったイタコよりも、町、村に住むカミサマのほうが民の生活に近い存在と受け止められている傾向がある。

両者の差異を挙げると、イタコが死者の魂を下ろす「ホトケオロシ」を行うのに対して、カミサマは神の言葉を掴む「カミオロシ」を行い、イタコは師の許での修行から得た〈赦し＝免許〉を必須とするが、カミサマは必ずしも師や修行を必要としない、という点が大きくある。

筆者は以前津軽地方の盛り場として有名な弘前市鍛冶町で働いており、その間ホステスらがカジュアルに、

「この前、カミサマに相談した」

「そんなに困ってるなら、カミサマに見てもらったほうが良いよ」

とその名を口にする様子を見て、とても嬉しく思ったものだ。南方の者には理解し難い感覚かもしれないが、青森県に数年も住んだら、この芳醇(ほうじゅん)な土着性の幾らかに触れることもできるであろう。

三浦さんの話（男性、鶴田町出身、弘前市在住）

三浦さんは以前建設会社に勤めており、道路工事全般の現場監督を務めることが多かったという。

「今は訳あって違う仕事してるけど、別に怖くなったわげではねえよ」

閑散期、繁忙期の分かれや現場の在り方などによって仕事の辛さは大きく変わったが、車通りの少ない農地や山間での工事に限っては、段取りさえ整っていれば大体のんびりと作業ができた。

「ああ。おっかねえ話すればいいんだべ。そうそう、その日も〈当たり〉の現場だったんだね。測量士二人と山道を測るだけでよ。何も難しいごとはねがったはずだんだけどな」

朝の時点から、歯車が狂っていた。

起床から間もないうちに右手首、右肘に微かな痺れを感じていた。

手首に関しては数年前に腱鞘炎になっていたのでまだ理解の範疇（はんちゅう）であったが、肘にまで異常が出るのは初めてだった。加齢のせいもあるだろうと苦い思いを抱きつつ、待ち合わせ場所のコンビニへ自家用車で向かった。車中で測量士二人から「渋滞に巻き込まれた」と連絡があり、三十分以上コンビニの駐車場でスマホを弄って時間を潰すことになった。

合流後、現場となる山間部の舗装道路に向かった。

道中で秋の曇った空は段々と泣き始め、本降りとは言わないまでもフロントガラスがしっかりと濡れるほどの降雨量になった。

工事区間は長く、山の麓から始まってまずは中腹辺りまでを連日、掘削と舗装をしていく予定となっていた。その日も測量も中腹までを目安に少しずつ進んでいき、時間が許しそうならその先、暗くなっていたら翌日に残りを回すつもりでいた。

工事区間の頭を若干過ぎたところにある空き地に停車し、それぞれが道具を取り出した。三人とも雨合羽を着込んでいた。遅刻があったせいか、あまりよくないムードが三人を包んでいた。測量士のひとりが三脚の付いた測量機を具合の良いところに置き、測量定規を持つもう一人もまた然るべき位置に立った。

「あれ……あれ……ううん……あれぇ」

測量機側の年配者が誰に訴えるともなく、違和感を呻いた。

見るからにトラブルが発生しているようだ。

「どしたんず」

測量士の後方に立つ三浦さんは訊ねた。

「いや、何が……目がさ。んんん」

測量士は何度か目をこすっては測量機のレンズに目を当て、また目をこする。

「何がさ。ごめん。目が変だ。凄く霞む。どしたべな」

「レンズが汚れでらんでねえの」

「いやあ、もうさ。今も何だが、良ぐ見えねえのよ。監督の顔も霞んでまってら」

測量士はこめかみを摘まんだり目をぱちくりさせてみていたが、快方には向かいそうもないようだった。

「ごめん！　代わって！」

定規を持った若者が駆け足で近寄り、代わって年配者が定規を持つ。

「調子悪いなら、定規くらいならおらが持でるし、休んでもいいんだよ」

「いやいや、何もいいんだ。たんだ目ばしだからさ」

三浦さんは彼を慮ってなるべく近くに立つようにした。

改めて測量を始めると、今度は若者が全くオーケーの合図を出さず、測量機のボタンを押したり首を捻ってレンズを覗いたりするばかりだ。

「どしたの！」

三浦さんが語気を荒らげて呼びかけると、若者は「まいねがも！」と返答した。

「何がや！」年配者も声を上げた。

若者は慌てた様子でまた測量機をどうにかしようとし始めた。

これでは埒が明かないと二人はまた測量機にとぼとぼと向かう。

「何や。調子悪いのが？」

「……んだった感じです。ピントが合わねえっすよ」

「ああん？」

「ピントが……あれ……。違う。おらの目だ。おらの目がおかしいんだ、これ」

「おめもが！」

年配者が妙に芝居がかった響きでそう叫び、三浦さんは思わず溜め息を漏らした。

「おめんど、何やあ。おらとば馬鹿にしちゃあんだが。そいだば、仕事さなんねえべや。ふざけじゃあんだが」

「なも！　なもさ！　ほんとに目おがしいんだね！」

「おらもです！　何だが分がらねえけど、急に良ぐ見えねぐなったんです！」

「んで、どうするんずや。おめんど、そいでどうやって測るんずよ！」

二人は困ったように顔を見合わせたのち、謝罪の言葉を小声で言い、車に引っ込んだ。

そして、次に現れたときには年配者が「本社に連絡して代わりを寄越してもらう」と三浦さんに告げた。

「一時間もしないで来るって言ってあったんで。申し訳ない」

「ああ、そう」

三浦さんは呆れながら運転席でふんぞり返り、スマホから目を逸らさずに返答した。

右腕の痺れが若干の痛みに変わってきていたのもあり、三浦さんは相当に苛立っていた。

あの二人はああやって「目がおかしい」などと嘘を吐いて早引けしたいだけなのだろう。

パチンコに行くつもりか、競馬にでも行くつもりか、それにしても二人とも同じ嘘でこんな事態を引き起こすとは、流石に誰一人許さないだろうに。

これではもう一日を捨てたようなもんだ。初日がこうでは先が思いやられる。

雨は強くも弱くもならずに、降り続けていた。

この雲の様子なら、きっと暗くなるのも早いだろう。

しかしこうなっては進捗を気にするよりも、今日のこちらの体面を守ることのほうが優先になる。代打の測量士が来た後にできるだけ仕事を進め、最後にはあちらの本社にクレームを付けてでもおけば、「しっかり仕事をこなした」と言っていいだろう。三浦さんがそんな思いを胸に、またスマホを手にして三十分ほど車内で過ごした頃、年配の測量士が窓を叩いた。

「あのう」

窓を開けて話を聞く。

「申し訳ねえけんど。何がやっぱり変だよう」

ある程度感情が整理できていた三浦さんは、彼らのことが若干不憫に思えてきていた。

本当に目に異常があるなら、あの器具にウイルスが付着しているのかもしれない。

仮にまるきり嘘だとしても、こんな行いに満ちているのだろう彼らの人生が何だか可哀想だ。この業界はギャンブルに狂って消費者金融に手を出す者も多い。

「まいんだば、一緒に病院さでも行ぐが？」

「いや。あのう、あのう。びっくりしないでほしいんだけど」

年配者は歯切れの悪い物言いで手遊(てすさ)びをしたり、頭を掻いて上を見たり下を見たりした。

「あの……さっき、代わりに来るって言ってた奴らがさ……目が霞むって言い出して……来れねえって……」

「ああん！」

三浦さんは思わず怒号を漏らした。

「どういうことよ！」

「いや、おらんども分からねえがら……」

「もういいじゃ！　話はもうしたぐねえ！」

三浦さんは窓を閉めて対話を打ち切った。

怒りもあったが、それ以上に混乱のほうが大きい。

こんな馬鹿げたことを誰にどう報告し、誰にどう文句を言ったらいいのか。

それに。

いつからか、カラスがうるさい。

どんどんうるさくなっている。

一体全体、どれだけのカラスの大群がこの山にいるんだ。

このまま黙って車で帰社してしまいたい衝動もあるが、それは大人の振る舞いと言えるだろうか。

スマホが鳴動した。

するとカラスの鳴き声がピタリと止まった。

ディスプレイを見ると、着信は実家からだった。

『おめ、まいねど』受話すると、開口一番に祖母の刺すような声が聞こえた。

「おばあちゃん、どしたの」

『おめ、その山さ、挨拶したが』

「え？」

『だはんで、おめ、今よ。山さいるべ？　挨拶したが？』

「挨拶ってば、誰に？」

『おめ、バガだが！　山の神様さ決まってるべや！』

「え？　え？　おばあちゃん、何の話が分がんねえよ」

三浦さんが相槌に困っていると、祖母は捲し立てるように『祠があるから探して手を合わせろ』『あんた素人だが』と訳の分からないことを言った。

「いやいや、おばあちゃん、どうしたっての？」

『現場の人、目おがしぐなってらべ！』

「え？　何で知ってるの？」

『あどや！　それカラスでねえ！　山が怒ってるんだ！』

なぜ祖母が測量士らの異常と、今は鳴いていないカラスの存在を知っているのかと、三浦さんは驚き、結局は観念した。

「分がった……おばあちゃんの言う通りにする……」

三浦さんは通話を終えると車から降り、測量士のワゴンに向かった。

雨は少しだけ弱まっており、僅かな雲間から青空が覗いていた。

三人は山中の道路沿いに見えた祠に賽銭を投げ、手を合わせた。

測量士にはただ「お参りしよ」とだけ告げていた。

「じゃあ、再開しようか」

「はい……」

二人は自分達の目が治ったことに全く触れず、予定通りに作業をこなした。

三浦さんの腕の異常もすっかり消えていた。

青空がみるみる広がっていった。

*

「三浦さん、もしかして親族にカミサマいます？」

わたしが取材後にそう訊ねると、三浦さんは、

「ああ！　バッチャ(おばあちゃん)の姉！　んだ！　だはんで(だから)が！　血筋が！　なるほど！」

と膝を打った。

田中さんの話（女性、西目屋村出身、弘前市在住）

わだし、むがしに狐さ取り憑かれたこどあるんです。

中学生でした。

家の中で飛び跳ねだり、御飯の皿っことばぶん投げだりして、みんな困ってまったんです。きっかけはなんなんだべ。カミサマさ見でもらったら、どうも「良ぐない遊びをして、神様を怒らせた」らしいんですけど、何も思い当たるこどがないんです。

何でも、わだしはその、凄ぐ不思議な力があるそうで。

今もそうなんですけど、何だがこう、色々当てるんです。

事故があるとか、人が死ぬとか。良いこども当てるときあります。

誰がが結婚するとか、子供ができるとかもです。

そういうのがあって、狐が入ってきたらしいんです。

友達の中でわだしだけですから、きっとそうなんだべね。

カミサマと親と一緒に赤倉山さ行きました。

記憶はあります。

狐が入ってないとぎもあったはんで、まどもな記憶も部分的にはあります。

学校は休んだり、行ったりしてました。

赤倉山の修験の建物さ入って、道場ってすんですか。そごさ行って、写経しました。

意味があるんだがないんだがど当時は思ってましたが、「やれ」と言われてやりました。

あど、山の小川さ足入れた記憶もあります。それもやるように言われで。

今でも半信半疑だんです。

狐も何も、あだし、ただのノイローゼだったんでねべが、とも思います。

思春期だったはんで。

結局、狐は取れたんです。

ちょっとずつ良くなっていって。

勘がよぐ当だるったって、外れることもあるはんで。でも、そんなふうに考えでてもあれは何だったんだべ、って思うこどがちょくちょくあって。

例えば、結婚してからの話だんですけど。

うぢの旦那が農協で事務の仕事やってで、一回、とんでもない仕事のミスしたんです。

何だが一生懸命作った仕事のデータが入ったＵＳＢとばなくしてまったって。

まだデータとばゼロがら作るのにかなり時間が掛かるはんで大変だって騒いでだんです。

詳しいこどは知らないけんど、まあ、物とばなぐしたって話なのは分がって、これは可哀想だど思ったんです。

そしたら、夢とば見で。

何が、ビニールハウスが夢さ出てきたんです。まあ、どこさでもあるんたビニールハウス。そいで、そのビニールハウスの中の地面で、何かが光ってるという夢だったんです。

ああ、これはアレでねえべえがって思って、起きたあどに旦那さ話したら、「んだんだ、こないだ農家さんのハウス建でるのの手伝いさ行ったんだ」ってした後、「もしかしたら」ってして。

別に殊更大きいハウスでねがったがら、行ってみで探したらすぐ見つかったど。ハウスだはんで雨さ濡れねえし、農家さんも作ったあどに作物はまだ植えてねがったみてえで、踏まれることもながった。まあ、ラッキーだね。

うぢのわらしが小さがった頃も、変なこどあった。

わらしが一生懸命、壁さ話しかけてだはんで、まあこうした遊びもするべなとが思いながら、壁とば見たら、そごさなんだべ、あれは。

こう白い糸みたいなのがグニャグニャって動いてで。

なんだべね。壁から糸が出てきてで、動いてるってしたらいいんだべが。何もおっかねえ感じはねえんだけど、これは何だべなってモノを見ました。

おっかねがったことってば、ううん。あんまり思い出したぐもないことなんだけど。

旦那の親戚が亡くなったとぎです。

男の人です。名前はカズヒトってする。

ギャンブルでだいぶ借金こさえで、子供が四人いだはずです。

奥さんさ逃げられで、そいでもまだ借金して、酒呑めば暴れるってね。

そった感じだはんで、親戚の中でも鼻つまみ者ですよ。

個人で板金屋とばやってらんだけど、なも掘っ立て小屋みたいなとごろさ、スクラップ集めてらだけだってね。

頭、おがしぐなってらんでねえべが。

結局、ふらふらど酒呑んで、海さ落ちで死んだって聞かされたけど、それが本当なんだがどうだが、わだしは疑ってる。

というのも、ちょんどカズヒトが死んだあどに、その頃はもうわだしらのわらしも十歳になってでだんだけど、「お母さん、さっき知らない男の人が家の中にいだ」ってして、どした男がって訊いてみれば、「片目を瞑ってる人」って。

カズヒトは生まれつき、片目が見えなくて閉じでらはんで、あらあ、これはきっと化けでるな、と思ったんです。

しかし何でわだしらの家の中にいるんだべとも思って。

旦那さちょっと話してみだら、「ずっと付き合いはながったけど昔、金を貸したことがある」って喋ってで、「その程度の縁でも化けてくるもんだべがな」とがまあ、そった話をしてたんです。

おっかねえのはそのあどです。

わだしも、家の中でカズヒトとば見でまったんですけど、片目瞑ってるどごろでねえ。舌とばだらんと垂らして、首もたんげ伸びでで、あど、臭いも酷かった。

何も丑三つ時でもねんだ。

風呂上がったあどだはんで、夜の九時くらいだべね。

テレビの部屋さ、そった気持ち悪い格好でたんだ立ってでさ。

わだしがびっくりして叫んだら、むすむすど歩いて部屋から出ていった。

何しに来たんだが分がんねえ。

ただ、ああした感じさなるんだが、多分あれ、首括って死んでるでねえべがな、とわだしは思いました。

首括って、ションベンも何も漏らしてまって、そのまんまの姿で化げでるんだべな、と思ってまったんです。

え？

ああ。

そうやって本当の死に方とば、わだしに知ってほしくて来たのがもですね。

んだがもです。

迷惑ですけんど、まあそうがもしれない。

うん。

そうがもしれない。

葛西さんの話（女性、鶴田町出身、青森市在住）

葛西洋子さんは両親を幼い頃に亡くしている。

父は長距離トラックの運転手で事故死。保育士の母は肺炎の悪化が原因で還らぬ人になった。

当の本人は「まだ二歳の頃だったがら良かった。思い出すこともないはんで、悲しくならなくて済むっきゃね」と言うが、「むがしはたまぁに悲しくなったこともあるばってね」とも言い、わたしはといえば、気の利いた相槌も打てずにいた。

実話怪談作家という仕事をしていると、こんなときに自分を恨む。

もしかしたら、この目の前にいる不遇な女性から何か雰囲気のある話を聞けるのでは、その話を書いたら読者が喜び、自分の収入に繋がるのでは、と人でなしの発想が浮かんでしまうからだ。

御両親がお化けとして出てきたことがありますか、などと訊く訳にはいかない。ましてや魂はある、幽霊はいる、きっと両親の魂があなたを守っていると霊媒師でもない自分が無責任に言う訳にはいかない。

悪戯にそんな講釈を垂れたせいで、生者と決別できていた死者が悲しみを連れて舞い戻ってくるかもしれない。

悲しい死者の魂を呼ぶのはいつも生者だ。

そうして、死者の魂に取り憑かれるのもまた、生者だ。

わたしは書くことで取り憑かれる可能性を生み出し、そうやって金を得ている人でなしなのだ。見たことはありませんか。感じたことはありませんか。そんな偶然はあり得るものですかね、それは未知の力が創造した必然だったのかもしれません。口八丁でそのように水を向け、得た言葉をわたしはどこかに売り捌いているのである。

「母の姉夫婦にちょうど子供がいなかったのもラッキーだったのよ。失ってもすぐに次のママもパパも見つかったってことになるんだべがね」

葛西さんの様子は、いかにも話し慣れたエピソードを語っているように見えた。よく上がる口角が朗らかさを滲ませている。

その日、その場――ある日のとあるバーで、わたしと葛西さんは初対面であった。

二人は互いの名も知らないまま、会話を続けていたのだ。葛西さんはわたしより相当に年上だったが、快活で話し易い雰囲気があった。幸い、わたしは彼女に自分が人でなしであることを告げずに会話を続けることができていた。先述した彼女の両親の不慮の死に関しても、霊魂や幽霊などと紐付けられて出た話ではない。恐らくはわたしに子供がいると話したことを受けて、彼女はそんな自己紹介をしたのだろう。

「伯母夫婦は優しかったし、別に学校でイジメに遭ったこともないし、普通に生ぎできたんだけど、たまに、ほんとにたまに本当の親がいるってどした感じなんだべ、とは考えることがあったのよ」

両親の写真を伯母から見せてもらって感じるのは、本物の親は自分に似ているということと、この二人にはもう二度と会えないという事実の壁だった。そして彼女がほんの少しだけ感じる悲しみの源は、ふとしたときに覚える喪失感にあった。

「周りに同じ境遇の人がそうそういないものなのよ。だから、似た者同士で話し合ったりもできないし、自分だけ人と違うんだ、ずっと人と違うんだ、って思ってまれば何が心がグッとなる。十代ぐらいが一番そうなってたがも」

そこまで聞いたわたしは「実は」と枕詞を添えてから、自身も兄を早くして亡くしていることを告げた。詳しく状況が同じ訳ではないが、喪失の悲しみを知っている者がここにいるということを彼女に伝えたかったのだ。

わたしの兄は三十路を待たずして亡くなった。現在のわたしよりずっと若い姿の兄が思い出の中にいることを時折奇妙に思う。もし生きていたらどんな容姿だったのだろうか。もし生きていたらどんな会話ができるのだろうか、とそんなことを考えたとき、わたしもまた「ほんの少しの悲しみ」を覚えることがある。

「ううん。んだんですね。やっぱりいづまでも悲しいよねえ」

年の功か、葛西さんは一層朗らかな声音でわたしにそう言った。

「でもさ。なんてすんだべ。死んでも、ずっと一緒にいるど思うのよ。なんてすんだべね。お盆とがさ、帰ってくるっていうじゃない。変な話だけど、あだしもさ。ちょっとそういうのを信じでるから、悲しくても大丈夫だべ、と思うのよ」

ここまで話が進んだ時点で、わたしはまだ「怪談」の「か」の字も口にしていなかった。彼女にとってはたまたま入ったバーのカウンターで出くわした中年男性にすぎないはずである。わたしは話の流れがこうなってしまったことに若干の困惑を覚えた。

青森での生活にはいつもこのような逸脱がある。

人の終わりであるはずの死の取り扱いが、このように覆されるのだ。

イタコが魂を降ろし、カミサマが神の声を聞くここでは、本来いないはずのものが漂い、
誰かがその存在を当たり前のように口にする。ただの夢がただの夢ではなくなり、ただの
偶然がただの偶然ではなくなる地がここなのだ。夢と偶然を超越した事柄も往々にして起
き、それを以て人々は「逢った」「遭った」とも言う。

わたし自身、ほんの数年前にある日の夢で兄に逢ったことがある。

とても何げない夢だったせいで、わたしはそれを夢と思わずに逢ったのだ。

それは全く今いる世界線と違うところで過ごしたような時間だった。

しかし結局わたしは目が覚め、大いに泣いた。

その涙には逢えた喜びともう逢えない悲しみが入り交じっていた。

そうして、わたしは「逢った」と言ってしまう。

わたしもまた、この地の人間なのだ。

しかして、彼女も。

——大学入試のときの話なんですけど。

ああ、彼女が。

死を覆す。

魂を漂わせるつもりだ。

この話をわたしは聞かなくてはならない。

魂の話をこの地で聞かなくてはならない。

——将来の夢とかはなかったんですけどね。せめて大学に入って、ちゃんとした勤め人にはならないとまいねべな、とは思ってで。

葛西さんにとって伯母夫婦はれっきとした両親であった。

よくないことをすれば怒り、子として育てている者の笑顔を何よりの幸せと感じてくれている夫婦に彼女ができる恩返しは、真っ当に生きることしかなかった。

ただ、ずっと勉強が嫌いで、これまでに成績が振るった覚えがない。

葛西さんは高校二年時に、そんな自分を変えなければ相当な親不孝になるだろうと思い至り、猛烈に勉学に励んだ。

友達からの遊びの誘いを断り、書店で手に入れた参考書を手に徹夜をする日々。

それでもなかなか成績が上がらないと、悔し涙を溢して、まだまだと勉強に励んだ。

目指すは県内の大学に入って、そのまま地元に就職することだった。

夢はない。強いて言うなら、育ててくれた二人が安心してくれる人生を送ることが夢だ。

周囲には大きな夢を抱く者も多かったが、彼ら彼女らの話を聞いてもピンと来たことはない。自分は皆と幸せの形が違う。それで良いのだ。

だが三年に上がり何度か受けた模擬試験の結果は、あまり芳しくないものだった。

これだけやってもこの結果になるという事実を受け止めるのがきつかった。

この頃には家にいるのが辛くなっていた。

食卓で伯母夫婦と顔を合わせると、気持ちが沈む。父と母を亡くした子は勉強もできず、代理の親に甘えて人生を過ごすことになるのだろうか。テレビを観るとそこには華々しい芸能人の姿があるのに、テレビを消すと取るに足らない自分が惨めに青森で悩んでいる。

努力が報われないのは頭の作りが悪いせいだ。

頭の作りが悪い人の未来はきっとよくない。

どうやってこの状況を打破したら良いのだろう。そもそも、何も変えられないのだろうか。自分の人生は生まれつき不幸になるように決まっているということなのだろうか。

センター試験の日が近付くにつれ、雪が積もってきていた。

葛西さんはいつか春が来ると信じられないほどの積雪を踏み、教科書と参考書でぱんぱんになった鞄とともに図書館に通っていた。


センター試験を終えたのちの自己採点は、想定より悪くなかったが、気持ちでは負けていた。落ちるとしか思えなかったのだ。どうしたって受からないだろう、なぜなら自分は不幸で馬鹿だから、と心底決めてかかっていた。

試験の後の日々はとにかく塞ぎ込んでいた。

なるべく布団から出ないようにし、朝昼晩の御飯こそ家族と食べているものの、会話は最低限に留めていた。自分は合格発表を見に行かないと宣言し、代わりに見に行くと言う伯母と口論になった。

「どうせ落ちているんだから、ママが見だって意味がないでしょ」

「あれだけ頑張ったんだから、受かってる可能性があるべね」

「見なくていいんだって！」

「うるさい！　ママは行ぐからね！」

自分でも子供染みた振る舞いだと分かっていた葛西さんは、ある程度感情を爆発させたところで満足し、結局は伯母夫婦がキャンパスまで合格発表を見に行くことになった。

雪が解け出し、段々と気持ちの整理がついていく。

今年は諦めて、また来年。

来年もダメならもう働こう。

安月給でもいいから、どんな過酷な仕事でもいいから、頑張ればいい。

そうやって得たお金を伯母夫婦に渡していければ、それで良いはずだ。

自分の幸せなど、どうせよく分からない。

あたしが幸せじゃなくても、誰かが幸せならそれでいい。わたしを育ててくれた二人が幸せなら後は何も要らない。

そう思って、ずっと青森で暮らせればいいんだ。

そんな未来でも幸せじゃないか。

合格発表の当日。

伯母夫婦は車で大学に向かった。

葛西さんはそわそわもしなかった。

相変わらずの倦怠感を抱いて、二階の自室の布団の中にいた。


――おめでとう！


そして、玄関のほうから男女の声が揃って響き、葛西さんは布団から飛び出す。

「え！　え！　ほんとに！」

叫びながら廊下を駆け、その僅かな疾走の間に空気の軽さを感じた。

「ちょっと！　ほんとに！」

と階段を下りる途中で、玄関に誰もいないことが分かった。

もう居間に入ったのかもしれない。

慌てて居間の木製のドアを開けるも、中にも伯母夫婦はいなかった。

よく考えると、大学までの往復を経たにしては、あまりにも早い帰宅だ。

ガレージを確認したが、車は戻っていなかった。

ならば、さっきの声は。

あの祝いの声がどんなだったかは覚えていないが、男女の声だったことは間違いない。

耳にした瞬間、合格を目一杯に祝おうとした伯母夫婦の声は、ああも若々しいものなのかと照れ臭かったが、まるっきり別人の声だったのかもしれない。

親戚か友達の親が先にあたしの合格を知り、声を掛けに来たのかもしれない。

考えていると心が弾んだ。

受かったということだ。

そうか、受かったんだ。


それから十五分もしないうちに家の電話が鳴り、伯母から「良かったね。おめでとう」と告げられた。

天にも昇る気持ちだった。

これまで生きてきた中で一番の幸せを感じた。

帰宅した伯母夫婦に「実は先に知らせを聞いででさ、分かってだの」と教えた。

「あら、誰から聞いだの」

「知らないけど、玄関がらさ叫ばれだ」

「んだの？　玄関さ鍵掛かってらべさ。外がらがな」

「んん。玄関さ入ってら人だど思うよ。んでも、んだね。鍵掛がってらね」

思い返すと、ガレージに行く際に解錠して外へ出ている。

しかし、長年住んでいる家のどこから声があったかは間違えそうもない。

あれは明らかに玄関に立つ者達からの声だ。

「男の人と女の人だべ。それ、本当のパパとママでねえの」

伯父は事もなげにそう言った。

「え。それってお化けってこと」

「お化けってせば可哀想だべな。魂っこさ。おめえの合格とば喜んで出てきたんだべね」

「んだのがな。そったごどあるんだべが。今まで一回もながったけど」

「そったの、一回あれば十分だべな」

伯母は葛西さんを説き伏せるように伯父の言葉に続けた。

「あんたの本当のママもパパもさ、あんたが生まれたときに『まずは大学だ。そこまでは頑張らねばまいね』って嬉しそうに言ってだんだよ。あんたのパパが大学に入ってながったがら苦労したってね。だがら、よほど嬉しがったんだよ。あんたが最近元気ないがら、早ぐ教えでがったんでねえのがな」

「んだよ。おめえ、まんず最近だっきゃ、見でらんねえぐらいに元気ねがったべや。もうおらんど(自分達)もあれだっきゃ、ほんとにやぁ」

伯父はそこまで言うと堰(せき)を切ったように泣き始めた。

見ると伯母の困ったように夫を見つめる目に涙が溜まっている。

「絶対にそんだよ。あんたとば喜ばせるために帰ってきたんだよぉ」

「そっか」

葛西さんも堪らずに声を詰まらせた。

喜びの涙が己の頬を垂れる。

そして誰が提言した訳でもなく、三人は抱きしめ合った。

気のせいかもしれませんけどね。

と、葛西さんは話を終えた。

「とても良い話ですね」

「ねえ。わたしもあの日のことを思い出せば、良い気分になります」

「ええ。感動します」

「ま。ま。気のせいってば気のせいかもしれなくて、外から聞こえた誰がの声をあたしが聞き違えただけかもしれないでしょ。でも、そうじゃないってあたしは思ってるはんでさ。そんでないほうが、あたしは嬉しいがらさ」

「気のせいじゃないですよ。絶対に御両親ですよ」

「あら、もしかしてあなたもそういうのあるんですか」

「いえ。わだしはないんですけど」

「あら」

「あの。実はわだし。そういう話をですね。その書いてるんですよ。あの。作家をしてまして。ええ」

「作家さん。そういう話ってどういう話ですか」

「あの。怖い話です。今のは怖ぐないですけど、怖ぐなくても良いんです。わだしは、グッとくる話が好きでして。今の話もグッときました。迷惑は掛からないように色々ぼかして書きますんで、もし良がったらわだしに書かせてください」

「作家さんですか。生まれて初めて会った職業の人ですね。へえ。凄い。今の話でも良いんでしたら、どうぞ書いていいですよ」

「ありがとうございます」


こうしてまたわたしは、人でなしになった。

またわたしは、もういない者をまだここにいると書いて、見たこともない魂の存在を示そうとする。

そうやって金を得る。

しかし、わたしはこの人でなしの商売をやりたいのだ。

輝く宝石を見つけたら、それを拾わずにいられず、その美しさを多くの人に見てもらいたくて堪らなくなってしまうのだ。

我慢が利かないのである。

この美しさを広め、たくさんの喪失の中でも生き易くなりたいのである。
誰も悲しまないでほしいのである。
青森にはそれがある。
魂の宝石が漂う地が青森なのだ。

わたしはこの地に感謝する。
海の神、山の神、生活の神に感謝する。
今も皆のそばにいる魂達に感謝する。

時代は変わるが、変わらないものもある。
青森にはそれがある。

わぁはこさ（ここに）いる。
なぁどさ（あなたはどこに）いる。

あの日の行列（八戸市）

青森市で家族と暮らしている駒井さんは、独身時代に勤務の関係で八戸市に住んでいたことがある。

会社が借り上げていたアパートは八戸港に近いエリアにあり、海のない街で生まれ育った駒井さんにとって新鮮な環境だった。近くには美味いものを食わせてくれる居酒屋もあり、独り身にはありがたく週に二、三回は通っていた。寂しさもあったのだが、部屋にはあまりいたくない理由もあった。部屋にいると誰かが通り過ぎる気配を感じていたからだ。

何かの姿を見たという訳ではないが、どこか気味悪く落ち着かないので、夜は外で食事を摂るようにしていた。そんな生活が三年ほど続いた三月のある夜——。

いつものように仕事を終えると、馴染みの居酒屋で一杯やりながら夕食を済ませ、寝るだけのアパートへと帰った。

二階にある殺風景な部屋には、いつ転勤になるか分からないので必要最低限の家電と衣類しか置いてなかった。一息つく間もなく風呂に入り、そそくさと布団に入り込む。ぐっすり寝ていると、ベランダの窓がガタガタと揺れる音で目が覚めた。天候が荒れた日には、海からの風が窓を叩くこともあるので、それが原因だろうと思った。

(何時だよ……)

枕元に置いた携帯電話を手に取り、時間を見ると午前一時を過ぎていた。

窓の外から犬の鳴き声が聞こえてきた。まるで敵に向かうように激しく吠えている。

すると、騒がしい窓の外がオレンジ色の光で照らされ、その光が部屋の中へと入ってきた。オレンジ色の光を発していたのは、二つの提灯(ちょうちん)だった。

(な、何だよ!)驚く駒井さんは布団の中に潜り込み、隙間からその様子を見て声を失った。カーテンをすり抜けたのは提灯だけでなかった——。

提灯は紋付き袴姿に、ハットを被った年配の男二人の手にあった。

二人の男は無表情のまま常夜灯に照らされた部屋を進み、玄関のほうへ音も立てずに移動していく。

更に、その後ろを次々と無表情の老若男女が連なって、駒井さんの部屋の中へ入ってきた。背広姿の男もいれば着物姿の女、小さな子供までいる。何人、いや何十人もの無表情な者達が狭いアパートの部屋の中を連なって移動する。

（早く消えてくれ！）

恐ろしくて目を瞑り、必死に祈った駒井さんは、いつしか頭から被った布団の中で気を失っていった――。

携帯電話のアラームで目を覚ましたが昨夜見た光景が忘れられず、暫く布団を頭から被ったまま動けなかった。ようやく布団から顔を出すと、何も変わらぬ殺風景な部屋が朝を迎えていた。窓の外は春とは程遠い寒さで、曇天の空模様だった。

「今思えば、あの部屋は霊道だったと思うんですよね。時々人の気配はしてたから。それと関係あるか分からないんですけど、あの日の午後に東日本大震災が起きたんですよ」

駒井さんの住んでいたアパート周辺も甚大な津波被害に見舞われた。

二〇一一年三月十一日午前一時、海の方角から現れた亡者の列は、一体どこへ向かったのだろう。

よみや（鯵ヶ沢町）

剛志さんは、江戸時代に北海道と大阪を行き来した商船『北前船』の寄港地で、弘前藩の御用湊（ごようみなと）として栄えた鯵ヶ沢町の生まれだ。明治まで続いた北前船が衰退した後に、商業港から漁港として生まれ変わった港だが、今でも魚港付近の町並みには昔の面影が残っており、剛志さんの実家もその中にある。その近くには小高い山の上に氏神様の神明宮があり、地域ではシンメイ様と親しまれ、剛志さんの子供時代の遊び場でもあった。

この神明宮には、こんな伝承がある。

神明宮の大祭（神楽（かぐら）の日）になると、必ずイルカの大群が神明宮と目と鼻の先の海に姿を見せ、大祭が終わるとまた沖へ帰っていくといい、町民の間ではイルカが参詣に来たと言われていたそうだ。そんなシンメイ様について、剛志さんが幼い頃から親の言うことを聞かなかったりすると、同居する祖父が言う常套文句があった。

「言うこどきかねば、シンメイ様が来るろ」

幼い剛志さんは、シンメイ様が怖い存在だと思い、常套文句を聞くたびに言うことを聞いていたのだが、大きくなるにつれて神様なのに何で怖がらせるんだろうと思い始めた。

小学生になると益々その疑問は高まり、祖父にその理由を訊いてみることにした。

「じっちゃ。何でオラに小さいときからシンメイ様が来るって言うんだ？」

居間で晩酌をしていた祖父に問いかけると、祖父は剛志さんを自分の隣に座るよう黙って手招きをした。剛志さんは祖父の隣に座り、祖父が口を開くのをじっと待った。

「オメ、よみや好きだべよ」

「うん、好きだ。お店いっぱいあって楽しいもん」

「んだが。オラも好きだ。酒っこいっぱい飲めるはんでな」

祖父が剛志さんの頭を撫でながら、皺だらけの笑顔を見せる。

「いいが、これはなオラがシンメイ様のよみやでホントに見だ話っこだ」

祖父は再びコップ酒をすすると、低い声でゆっくりと語り始めた。

津軽地方では、神社の大祭前夜祭を宵宮（よみや）と呼んでいる。

様々な露店が参道に建ち並ぶ光景は、津軽の夏の風物詩の一つになっている。

神明宮のよみやも昔はかなり盛大で、大勢の人が他所からも訪れていたという。

よみやの晩は祭壇のロウソクの火を絶やさぬよう、若者数名が拝殿に泊まることになっていた。

ある年のこと祖父も数名の若者と拝殿に泊まることになり、酒を飲んでそのまま拝殿で雑魚寝した。

「あれは朝方だったべな。まだ薄暗くてよ」

祖父が入り口近くで寝ていると、境内を誰かが歩く音で目を覚ました。仲間の誰かが小便で起きたのかと思い、拝殿で寝ている仲間を見渡してみた。しかし皆ぐっすりと寝ていて、誰も起きた様子がない。

(へば誰だ？　この足音は……)

足音は、ゆっくりと拝殿に近付いてくる。

ジャッリ、ジャッリ、ジャッリ……。

祖父は、拝殿の戸板の穴から外を覗いてみた。

外は薄暗いが、誰かが近付いているなら姿が見えるはず。

しかし、見渡す限り音の主の姿が見当たらない。

その間も足音は、徐々に拝殿へ拝殿へと近付いてくる。

(誰だ！　誰だば！)

見えない姿に恐怖を感じながら、拝殿で寝ている仲間を起こそうとした。次の瞬間、拝殿の扉が開き眩しい光が差し込んできた。まばゆくて額に手をかざす。

すると、光とともに白い着物姿の人物が現れた。光に覆われた人物は自ら光を発しているのか、眩しすぎて顔が見えない。その人物は腰を抜かすほど驚いている祖父には目もくれず、拝殿の中を足音も立てずにスーッと祭壇に向かって進んでいった。

そして祭壇の前で立ち止まった瞬間、突然その姿を消した――。

まるで祭壇の神鏡へ吸い込まれたかのように消え去ったのだ。

暫く動けなかった祖父は、他の者が起きるまで黙って祭壇を見つめていたという。

「オラはな、あれはシンメイ様だと思うんだ。だはんで神様はちゃんと、いるってことだ」

祖父は語り終えると、再びコップ酒を口にした――。

六十年ほど前に、祖父が体験した話だと剛志さんが語ってくれた。

マタギ奇譚（白神山地）

自然と共生する狩猟文化を持つマタギ。

山の神様を崇め、熊を捕ると独特の儀礼を行う。山に入れば里の詞（ことば）を禁じ、山詞で話をする。十二日は、山の神様の日なので山には入らない。

四は死を、九は苦をもたらすので忌み嫌い、山に入るときに四人や九人になることがあれば、人形を携帯したり紙や手袋などで人形（ヒトガタ）を作り頭数を増やすなど様々な戒律がある。

青森にも嘗て、このような戒律を守り狩猟する幾つものマタギ集落が存在していたが、その数は狩猟方式や時代とともに減少し、伝統的なマタギ文化を守り続けている人は、ごく僅かしかいない。

鰺ヶ沢町の赤石マタギの家系で、二十一代目の当主に当たる吉川隆さんは、マタギの伝統を尊ぶ一人である。

六百年の歴史があり弘前藩の御用マタギだった赤石マタギにも、数多くの伝承や戒律があるが、吉川さんの家では先祖代々伝わる独自の禁忌があるという。

狐を撃ってはならない――。

「オラから数代前の、御先祖様の話になる」

吉川さんの御先祖は、大然(おおきね)集落で代々「孫左衛門」を屋号としてきた。

その数代前の孫左衛門が雪山に入り獲物を探し求め歩いていると、目の前に大きな狐が現れた。狐は銃を構えた孫左衛門を前に、後ろ足で立ち上がり前足を胸の前で合わせ、まるで撃たないでくれと懇願するかのような仕草を見せたという。これには強気な孫左衛門のプライドが許さなかった。

――なにい！　毛と尻尾があるものは、人間には敵わねんだね！

容赦なく引き金を引くと、狐はあえなく絶命した。

いい毛皮ができると、喜んで里に狐を持ち帰った孫左衛門だが……。

春になり雪が溶け始めた頃、彼の家に不幸が襲いかかる。一緒に住む三人の子供が、次々と流行病に倒れ亡くなってしまった。そして悲しみ暮れぬうちに奥さんも病で倒れて亡くなり、遂には孫左衛門まで亡くなってしまった。

孫左衛門一家が短期間で死に絶えてしまったのだ——。

この不幸に大然の集落では、狐の祟りだと大騒ぎになった。しかし、この一大事に救いの手を差し伸べる人物が現れた。

大然集落の下流にある一ツ森集落の吉左衛門さんだった。

——孫左衛門は赤石マタギの名家だはんで、血を絶やしてはならねえ。

吉左衛門さんの家には、婿入りしていた吉川家の次男がいた。その次男を大然の吉川家に帰したのだった。こうして吉川孫左衛門の血筋は守られた。

それ以来、吉川家では狐を撃つことが禁忌となり、山には稲荷様の祠を建て、家の神棚でも稲荷様を大事に祀っている。そして吉川さんも、先祖代々の禁忌を固く守り続けているという。最後に狐を大事に祀る、もう一つの理由を話してくれた。

「その撃だれた狐よ、尻尾が六本あったんだど——」

＊

吉川さんが大先輩のマタギと、熊撃ちに山へ入ったときの話だという。

ある沢を登っていると、後ろにいるはずの先輩マタギの姿がない。吉川さんと仲間は足を止めて、先輩マタギを待つことにした。

――どしたんだべ。

暫く待ったが、先輩マタギは一向に現れない。

何かあったのかもしれない。

吉川さん達は心配になり、先輩マタギを探しに来た道を戻ることにした。すると間もなく、先輩マタギが沢を下りていく姿が見えた。

「おーい！　どさ行くんだ！」

大声で先輩マタギに問いかける。

「ほれ、すぐ下さケンド（道路）あるでばな」

ようやく足を止めた先輩マタギが、意味不明な答えを返してきた。彼の言う道路は存在しない、山中で川が流れているだけだ。

「何言ってらんだ！　そっち川だね！」

吉川さん達の制止も聞かずに、どんどん沢を下りて川へと向かう先輩マタギ。

――頭っこ、おがしくなってら。

「やめれ！　川さ落ちるぞ」

吉川さん達は急いで沢を下り、先輩マタギの許にたどり着いた。

「なしたんだ？　川さ何しに行くんだ？」

「オメだち、見えねんだな？　ケンドあって車も人も歩いてらでば」

「わい！　しっかりしてけ！　ここ岩木山の下だね町でねぞ！」

先輩マタギの肩を掴んで、正気に戻そうと身体を揺すった。

「あれ？　オラ……」

「おお戻ったか！　いがったあ」

「オラ何、見てらんだ？　川だな……」

ようやく正気に戻った先輩マタギは、狐にでも騙されたというような顔をしていた。

「大丈夫だが？　疲れてるんだが？」

「いやあ、どしたんだべな。何かさ騙されてらんだべな。確かに道路あって人も車もいたんだけどなあ」

あのまま進んでいたら、確実に冷たい川へ落ちるところだった。

大ベテランのマタギでも、山の何かに騙されることもあるんだと痛感したという。

「その先輩、男ぶりいいから山の神様の悪戯だってからかってよ。山の神はおなごだはんでな。ハハハハハ」

吉川さんは最後にマタギらしい冗談を聞かせてくれた。

ヒバの家（十和田市近郊）

青森の厳しい風雪に耐え、逞しく育つ針葉樹「青森ヒバ」は、その姿から県のシンボル木に指定されている。腐りづらく抗菌や防虫効果に優れており、弘前城や岩木山神社楼門を始め岩手県平泉にある中尊寺の金色堂など、古くから県内外の城や神社仏閣に使用されてきた。そのため現在でも高級木材として重用されている。

「総ヒバ造りの家に住む親戚の家で、不可解なことが起きてるんですよ」

怪談愛好家グループ「函館怪噺」の主宰みっちゃんが、こんな話を教えてくれた。

十和田市近郊の町にある従姉妹が嫁いだ家は、家長の義父が山から切り出した青森ヒバで家を新しく建て替えていた。

総ヒバ造りの家は旅館と見間違えるほどの立派な外観で、家の中はヒバの香りが漂い、広間のテーブルまでが巨大なヒバの一枚板で作られている。

彼も何度か訪れているが、それはもう溜め息が出るほどの美しさだという。

「ただね、二階が不気味なんですよ。空気が重いっていうか……」

彼の娘さんも幼い頃何度か訪れているが、二階を見ると決まって号泣していた。

幾ら親戚とはいえ、二階が不気味だとは流石に言えずにいた――。

「二階で変な音がするの――」

ある日のこと、彼の許に従姉妹から一本の電話があった。

彼が怪談好きで、某怪奇番組に出演したのを知ってのことだった。

従姉妹夫婦の寝室は二階にあった。

以前から、その寝室で奇妙な音に悩まされていたという。夫婦が眠りに就くと、寝室の片隅から様々な異音が聞こえてくる。音が聞こえる辺りには、何も音を発するような物はない。うるさくて眠れないほどの音も聞こえると、従姉妹はかなり悩んでいた。

「みっちゃん。どうしたらいい？　娘は黒い人影まで見てるの」

「そう言われてもなあ。オレ怪談好きだけど、そういうのをどうにかできる訳でもないからなあ。お祓いは？」

「お義父さんがね、気のせいだって言うから……」

「とりあえず、盛り塩でもしたらいいかも」

みっちゃんは、そう答えてあげることしかできなかった。

すると数日後、従姉妹からSNSでメッセージが届いた。

——あの変な音が録音できました。

メッセージには録音状況の説明と、音声ファイルが二つ添付されていた。

音に反応して、自動録音される機器に入っていた音声データには、不可解な音が収録されていた。

「それが、この音声なんですよ」

みっちゃんが、音声データを聞かせてくれた。

カチッ、カチッ、カチッ……。

硬質な物体が、ぶつかり合うような音。

ペチ！　ペチ！　ペチ……ペチ！

先ほどの音とは別に、硬い床を裸足の子供が歩いているような音が同時に聞こえる。

しかも部屋の中を行き来しているのか、音が移動している。

そして、もう一つの音声ファイル。

ザッ……ザッ……ザッ……。

畳の上を這うか、何かを引きずるような音が続く。

「これ、どう思います？」

二つの音声ファイルの再生が終わると、彼が私に感想を求めてきた。

家鳴りも考えたが、音からして家鳴りとは全く異なる。

「床は畳なんですか？」

「いえ、全てフローリングだそうです」

「そうですか。全体的に気持ち悪いですよね」

「そうですよね。一体何の音なのか分からなくて」

私は、彼に音の印象を述べさせてもらった。

「硬い物がぶつかる音は、歯をカチカチさせてるようで、その周りを子供が、わざと足音を立て歩き回ってる感じがしますね。それと、もう一つは誰かが畳を這いずってるような音に聞こえました」

「確かに、そう言われると――」

音から想像できる映像を頭に浮かべ、二人で眉を顰めた。

「従姉妹は、最近こんな体験もしたそうなんです」

ある日、従姉妹が誰もいない家に帰宅したときだった。鍵を開け、玄関に入ると凄く嫌な気配を感じたという。靴も脱がずに三和土(たたき)の上で辺りを見渡すと――。

玄関ホールの廊下にある立派な欄間を見て、彼女は腰を抜かしそうになった。

欄間の彫り物の中から、ギョロッとした目玉が彼女を見ていたというのだ。

「流石に、怖かったのか随分と参ってましたね。前の家では何もなかったって言うし、今の総ヒバ造りの家になってからなので、やはり山から切り出したヒバ材に関係あるんですかね?」

前の家で何もなかったとすれば、土地絡みは考え難い。

だとすれば山から切り出したヒバが、関連すると考えるのも間違いではないだろう。

青森ヒバの多くは、津軽半島か下北半島で産出しており、建材で使われる青森ヒバは、樹齢二百年以上だと言われている。

その樹齢の中で、一体何があったのだろうか……。

総ヒバ造りの家では、今も怪異が起き続けているという。

機会があれば怪異の続報を、お届けしたいと思う。

停まるべからず（むつ市）

菊池さんは納車されたばかりの新車で、深夜の恐山へ続く道を走っていた。

別に肝試しが目的ではなく、ただ新車の走りを満喫したかった――。

助手席には友人の佐々木が座っている。恐山へ続く道は絶好のワインディングロード。

スポーツタイプのＳＵＶの走りを試すのには、うってつけの道だった。

「菊池、オレ小便したいから、恐山の駐車場で休憩すべ」

まだまだ走りたかった菊池さんだが、恐山の駐車場へと車を進めた。

たまに、車中泊の県外ナンバーの車を見かけるが、この日は一台も停まっていなかった。

トイレに近い場所に車を停め、佐々木が出てくるのを菊池さんは待った。

革製のステアリングを握っていると、思わずニヤけてしまう。

新車特有の匂いが堪らなく心地よい――。

（やっぱり買ってよかった）

納車されるまで、かなりの時間を要したためにキャンセルも考えたが、こうして念願の新車に乗っていると待った甲斐があったと、つくづく思う。

すると突然、車内で何かの警告音が鳴り出した。

ピッ……ピッ……ピッ……。

障害物に近付くと、反応するコーナーセンサーが鳴っている。

ディスプレイには、右後方の警告が表示された。

（え？　何だよ？　車は動いてないし……）

菊池さんはミラーと目視で後ろを確認するが、何も障害物は見当たらない。その間も警告音が鳴り続ける。どうしていいやら迷っていると、新しい警告音が鳴り出した。

今度は左後方だった。

（おいおい、どうしたんだよ……）

突然の愛車の異変に慌てふためく。

（説明書だ！　説明書見れば……）

ダッシュボードを開けて、説明書を取り出す。

ピッ……ピッ……ピッ……。

また、新たな警告音が鳴る。

(左前方？　何もねえじゃん！)

そして間髪入れずに、右前方の警告が音とともに表示された。何もない駐車場で、四方のセンサーが反応する。

菊池さんは説明書をめくる手を止めて、嫌なことを考えてしまった。

(まさか恐山だから……)

ピッ……ピッ、ピッ、ピッ、ピピピピピ――。

四方のコーナーセンサーが一斉に、けたたましい警告音を鳴らす。

(何か近付いてきてる！)

菊池さんは、すぐに逃げ出したかったが、佐々木を置いてはいけない。

(佐々木！　どこにいるんだ！　早く戻ってこいよ！)

警告音が鳴り響く車内から、佐々木の姿を探す。

すると佐々木は自動販売機の前で、缶コーヒーを飲みながら煙草を吸っていた。

「佐々木！　早く戻ってこい！　行くぞ！」

「え？　煙草もう少しで吸い終わるから」

「いいから早く戻ってこい！」

菊池さんの凄まじい剣幕に負けて、渋々戻ってくる佐々木。

未だ警告音は鳴り止まず、車内に響き渡る。

「何だよ。どうしたんだ急に？」

助手席のドアを開けた佐々木が、菊池さんに問いかけた。

「早く乗れ！」

佐々木は助手席に座り、ようやく菊池さんが慌てている原因が分かった。

「何？　この警告音は」

「故障だと思いたいんだけど、さっきから鳴りっぱなしなんだよ。何かに囲まれてるかも」

菊池さんの焦った顔に、佐々木も表情が一変する。

「やべくね？　ここ恐山だや」

菊池さんは、そのひと言で車を急発進させた。

程なくして警告音は止み、車内は静けさを取り戻した。

とにかく恐山から離れよう――菊池さんはアクセルを踏み込む。

むつ市内に近付き、最初の交差点で信号待ちをする。

「何か腹減ったなあ」

「んだなあ。ラーメンでも食いに行く？」

そのときだった。

ピッ……ピッ、ピッ、ピッ、ピピピピピ――。

突然、四方のセンサーが再び鳴り出した。

「ええ？　何で？」

「やべーよ！　ついて来たんだよ」

再びパニックになる二人。信号が青に変わるのと同時に急発進する。その後も、信号で止まるとセンサーが鳴り響く。

「菊池、とにかく停まるなよ！　むつから離れよう」

それから信号を避けて進み、国道二七九号線を南下した。

市内よりは信号が少ないとはいえ、全くない訳ではない。

途中、何度か赤信号で停まるとセンサーが反応する――その繰り返しだった。

結局、朝を迎え青森市まで来た頃には、ようやく車が停まってもセンサーは反応しなくなった。二人の長い夜は終わり、むつ市に戻ることにした。

二時間ほど走り、むつ市に着くと車を購入した販売店へと向かった。

道中、二人は車の異常かもしれないと話し合った。

そのほうが二人は安心する――はずだった。

販売店の開店と同時に車を持ち込むと、早速点検が始まった。

三十分ほどで、整備士が菊池さんの許へやってきた。

「色々点検しましたが、どこも異常ないんですよ」

「ええ？　じゃあ夕べの現象は、どう説明するの？」

「お客さん、もしかして夜の恐山に行きました？」

「恐山に行ったけど……それが何か？」

「時々いるんですよ。お客さんと同じような体験した人」

「同じような体験？」

菊池さんと佐々木は、顔を見合わせた。

すると、整備士から意外な答えが返ってきた。

「また同じこと起きたら、いいお寺さんがあるんで紹介しますよ」

その後、車に寺を紹介してもらうような異常は起きなかったが、菊池さんは二度と夜の恐山に近付かないと心に決めたそうだ。

青森巫者奇譚（弘前市近郊）

青森には古くから、民間巫者（ふしゃ）のイタコとカミサマがいる。

イタコは死者の魂を呼び、その言葉を伝える口寄せが有名だが、東北地方の屋敷神であるオシラ様の神事『オシラ様アソバセ』の儀式を担い、占いやお祓い、加持祈祷までを仕事としている。何代も続く師弟系統が明確な師匠の許で、厳しい修行を何年も積み、イタコとして独り立ちする。そして師匠上がりの暁に、師匠から与えられるオダイジとイタコ数珠を持つ者が伝統的なイタコだといわれている。令和の青森県内で活動しているイタコは、南部イタコが二名、津軽イタコが一名しかいない。カミサマはゴミソとも呼ばれ、イタコのような師弟制は特段なく、ある日、突然に超神秘的な体験をし、それをきっかけに神仏の修行を行う人が多い。

沖縄のユタに近い存在だ。

自らの身体に神仏を降ろし、神仏の言葉を相談者に伝える神降ろしを主に行い、占いやお祓い、加持祈祷を行う者もおり、数は少なくなったが県内全域で今も活動している。イタコもカミサマも、昔から青森の地で人々の悩み事に対し、死者や神仏の言葉を伝え解決してきた。その中には怪異に纏わる話も多く、青森で怪談を蒐集していると、イタコやカミサマに怪異を解決してもらった話をよく耳にする。

筆者の私も関わった、ある怪異についてお伝えしよう。


令和に入って間もなくの頃だった。

友人を介して、会社を経営する西田さんという男性を紹介された。

「中古の家付きの土地を買ったんですが、その家で変なことが起きて……」

西田さんは顔見知りの不動産屋から、弘前市近郊にある土地の購入を勧められた。

敷地は広く、場所的に駐車場で貸せると考えた西田さんは、その土地の購入を決めた。

「相場より安いから、気にはなったんですけど」

築四十年ほどの大きな家は前の住人が亡くなっており、家の中は生活していたままの状態だった。

「片付けに業者を頼んでも良かったんですが、経費を浮かそうと思って自分達で片付けることにしたんです」

西田さんは友人数名にアルバイトを頼み、家財道具などを処分することにした。休日の天気の良い日で、朝早くから作業に取りかかった。作業を始めて間もなくのことだった。一階で作業をしていると、二階からドン、ドンと足音のような物音が聞こえた。

二階で作業している者はいない——。

「取り壊す家だから片付けも乱暴にやっていたので、その拍子で何かが二階で倒れたんだと思ったんですけど……」

しかし作業を続けると、またしても階下に音が響く。

「一時間しか作業していないのに、みんな気味悪がっちゃって」

とりあえず大きな物だけでも、運びだそうと作業を急いだ。

すると女の子の友人が悲鳴を上げて泣き出した。

「男を見たって言うんですよ。全員が、もうここにはいられないと作業が中止になって」

この件を聞いた西田さんの知り合いの僧侶が、お祓いを行うことになった。

家の中は物が散乱しているので玄関に祭壇を設け、お祓いが執り行われた。

「お祓いの間も二階でドン！　ドン！　て大きな音が何度もして、もう怖かったですよ」

僧侶は汗だくになりながら、約一時間お経を上げ続けた。

「やれることはやったと言ってくれたんですが、結局その後も音がするんです」

このままでは恐ろしくて家を解体できないと、西田さんは困り果てていた。

そこで私は、知り合いのカミサマに家を見てもらい、必要ならお祓いをしてもらうことを提案した。西田さんは、何とかなるならとカミサマへの依頼を決めた。

早速、私は親交のあるカミサマの木村妙海さんに連絡を取った。

妙海さんは真言宗の尼僧であり、自らの霊力で死者と対話し問題を解決する。現在は津軽で、口寄せを行うイタコを兼ねたハイブリッドなカミサマでもある。

「それだば、その家さ行きましょう」

状況を説明すると、いつもの優しく穏やかな声で依頼を承諾してくれた。お祓い当日、私も所属する怪談家団体「弘前乃怪」代表の鉄爺にも、同行してもらうことにした。

心霊現象が起きている家のお祓いに立ち会う滅多にない機会、一部始終を記録に収めるために鉄爺へスチールカメラの撮影を頼んだ。もちろん撮影には、西田さんと妙海さんの許可は得てのこと。私は車に妙海さんと鉄爺を乗せ、件の家へと向かった。

家に近付くと後部座席に座っていた妙海さんが、突然あることを語り出した。

「この家のお父さん、随分と立派な方だね。背が大きくて背広がよく似合う人だ」

妙海さんには最低限の情報として、前住人の家族構成しか知らせていない。

これには私と鉄爺も驚いた。前の家主は元学校の校長で、背が高い男性だったという情報と一致するからだ。どうやら既に前の家主の男性が、妙海さんにコンタクトしてきたようだ。家に着くと、西田さんが家の前で待っていてくれた。挨拶を済ませると、妙海さんは早速家の中に入っていた。私もビデオカメラを用意し、家の中へと入った。

玄関には、半分溶けている山盛りの塩が置かれていた。

「オレ怖いから、玄関にいます――」西田さんが玄関で立ち止まる。

「じゃあ、始めてもらいますね」

妙海さんに用意ができたと、声を掛けようとしたときだった。

「ビデオ撮るなら早く来いへ。もう、ここのお父さん降りてきたよ！」

妙海さんのその一声で、私は急いでビデオカメラのスイッチを入れ、妙海さんと鉄爺がいる部屋へと入った。妙海さんは部屋の中央に立ち、元は仏壇が入っていただろうと思われる壁に向かって目を閉じると、合掌し数珠をすり鳴らす。

（あ、始まるな……）

　何度か仏降ろしに立ち会っていた私は、妙海さんの雰囲気が分かり、ビデオカメラを向けて、仏である家主の男性に話しかけてみた。

「〇〇さんですか？」

「そんだ……」

「今日は突然、お邪魔してすみません」

「何も、この女の人が来てけでいがった」

「どうしてですか？」

「オラの……オラ達の話を聞いてもらえる」

「何か、伝えたいことがあるんですか？」

「うん――。オラ達な死んでバラバラなんだ」

「バラバラって？」

「三人一緒に供養してけろ」

「三人てことは、旦那さんと奥さん、それに孫さん？」

「そんだ……三人ともバラバラなんだ」

家には家主の男性と奥さん、そして心の病を抱えた孫の男性が引きこもり状態で暮らしていた。先に家主の男性が亡くなり、菩提寺で葬儀が行われていた。残された奥さんと孫は暫く二人で暮らしていたが、奥さんが認知症になり高齢者施設へ入所し、孫も独り暮らしは難しいと障害者施設へと入所した。その後奥さんが亡くなり、続いて孫も若くして亡くなっていた。誰も仏事を行える血族がなく、二人とも成年後見人が別々の寺で最低限の葬儀を行っていた。墓にこそ一緒に埋葬されたが、供養に対しての思いを訴えたのだろう。

これらの情報は一切、妙海さんには教えてはいなかった。

先にも述べたが家族構成のみ伝えただけで、その家族の生死や供養についても伏せており、妙海さんが語る内容に、私と鉄爺は驚くばかりで鳥肌が立っていた。

そして妙海さんは、金木にある川倉地蔵尊で三人一緒に供養してもらうことを提案し、その供養を西田さんが引き受けてくれた。

妙海さんは家主の男性にそのことを伝え、最後に家の中を清めてお祓いは終了した。

「ちゃんと亡くなった人の話を聞けば上がってくれるんだ。みんな理由があるんだよ」

霊の声を聞き、対話することで成仏させる妙海さんのお祓いを体感した時間でもあり、全ての怪異が必然的に起きたのではと感じた瞬間でもあった。

妙海さんをこの家に呼ぶために――。

その後、西田さんは約束通りに川倉地蔵尊で三人の供養をしてもらい、無事に家の解体をすることができたという。

木村妙海さんは、今も津軽で死者の言葉を伝え続けている。

帰れない家（黒石市）

津軽地方の東部に位置する黒石市は、雪や雨をしのぐ「こみせ」と呼ばれる木製のアーケードと伝統的な建物が黒石藩政時代より残る風情ある街だ。現在、東京に住む美咲さんは黒石市にある古い大きな家で生まれ育った。彼女の実家は、祖父曰く津軽の殿様の家臣だったという家で、蔵には刀や昔の着物、古文書が保管されており、由緒ある家だと幼い頃から聞かされてきた。そんな家で子供の頃は、曾祖父母と祖父、両親、妹、祖父の弟に当たる大叔父という大所帯で暮らしていた。

美咲さんは物心付いたときから、この家で数々の恐ろしい体験をしている。

幼い頃の記憶にあるのは、姿なき者が発する音が始まりだった。玄関から誰かが入ってくる音。二階で聞こえるボソボソと会話する声。突然、耳元で聞こえる男の高笑い。

小さな身体を震わせながら、泣いていた毎日が恐怖の原体験だという。

やがて家の中を跋扈する異形の者達の姿を、目の当たりにすることになる。

美咲さんと妹が遊んでいる部屋や、トイレに向かう廊下、家族が寛いでいる居間でと、神出鬼没に現れたのは手首から先だけの白い手。指を足代わりにして器用に歩き回る姿を、家族全員が目撃している。また、異形の者は家の中だけに留まらず敷地内にも現れていた。夕陽に向かって飛んでいくナメクジのような大群や、庭を走り回る真っ黒な小さな物体を母親や妹と一緒に目撃している。

真っ黒な物体は全身が毛で覆われ、手足が生えていた。遭遇した日は決まって熱が出て具合が悪くなったという。妹とは、庭で更に異様な者を目撃している。

隣の家との間を身長二メートルを超えた大男が、近くにある墓地のほうへ走り去る姿を何度も目撃した。男の頭には毛がなく、頭頂部が異様に尖っていた。

何よりも恐ろしかったのは、その男が全裸だということだった。

「こんなのが毎日のように、出てくる家だったんです」

中でも美咲さんと家族が一番に恐れた者は、家の中で同じ場所に姿を現していた。

「初めて見たのは、小学校に上がる前だったと思います」

美咲さんと妹が居間で、テレビの子供向け番組を見ていたときだった。

テレビに映る、お姉さんの歌に合わせて楽しく歌っていると、廊下との間を仕切っているガラス戸を白い影が横切った。

(何だろう?)

美咲さんはテレビの前から立ち上がり、ガラス戸の透明な部分から廊下を覗いてみた。戸の向こうに廊下を挟んで階段の上り口があり、踊り場へと階段が延びている。

その横には踊り場から二階へと続く階段下を利用した収納部屋があるのだが、ガラス戸から収納部屋のドアは見えず、真っ白な光景しか見えなかった。

「どうしたの?」

妹は突然立ち上がった姉の行動が気になり、美咲さんの許へと駆け寄ってきた。

「あれ、何?」

「何だろうね。見てみよう」

二人は一緒にガラス戸を開けた。

次の瞬間、目の前の光景に二人は声も出せず固まってしまった。ガラス戸から見えた白い光景の正体は、白い着物を着た女だった。女は髪が長く垂れ下がり、顔が全く見えない。

そして身体が途轍もなく大きい。

その大きな身体を窮屈そうに折り曲げて、階段横の収納部屋の前を塞いでいた。

床から天井までビッシリと詰まった白い女――。

ようやく姉妹は悲鳴を上げて、台所にいた母親の許へ逃げ出した。

これ以降、この巨大な女を他の家族も同じ階段下で何度も目撃するようになる。

「実は、うちではオバケ以外にも、変なことがあるんです」

美咲さんの家系は藩政時代の先祖から不幸が続く家だったようで、先祖は集落に稲荷神社を建立していた。そんなことが理由か分からぬが、曾祖父は神通力を手に入れたいと、カミサマの許で助手を務めながら修行をしていた。しかし、その曾祖父がとんでもない奇行に走る。先祖が建立した神社から分霊した御神璽(ごしんじ)を、刃物で切り裂いてしまった。

それを機に、家の中で怪異が起こり始めたという。

曾祖父は気がおかしくなり入退院を繰り返して、美咲さんが小学生のときに亡くなった。入れ替わるように今度は、祖父が違うカミサマの許で修行を始めた。

祖父もまた、神通力を手に入れたいという思いからだった。師事したカミサマの言う通りに対処すると、不思議なことに家での怪異は少しずつ減っていったという。

ただ、このカミサマから気になることを言われた。

「オメだちの家系は、一家離散する家だ。それに代々精神を病む者がいるべ？　その人たちが家のイグね（悪い）ものを一手に背負ってるんだ。だはんで、そういう人を大事にさねばまねよ」

美咲さんの先祖には分かるだけでも、カミサマの言う通り精神を病む人が必ずいた。

曾祖父の兄弟にも、祖父の兄弟にもいた。そして兄弟のいない父の代では、美咲さんの母親が病と闘っている。その後、頼りにしていたカミサマも亡くなり、数年前には祖父も亡くなった。対処する術をなくした実家では、現在も怪異が起き続けている。

あの家にいたら、自分にも不幸が起きる——美咲さんは度重なる実家の怪異に耐え切れず、飛び出すように家を出ていた。実家との関係を絶ち、東京に来てから怪異もなく過ごしている。病を抱える母親が気掛かりだが、未だ怪異が続く実家には二度と戻らないと決意している。

「うちの家系、何が起きたかは分かりませんが、先祖でよくないことがあったんでしょうね。恐らく私と妹の代で途絶えると思います」

最後にこう語った美咲さんは、病気を患い子供を産むことができなくなった。

そして妹は数年前に旅行先で行方不明になったままだという。

無縁社会（八戸市近郊）

青森県は急激に人口が減少しており、三十年後の二〇五〇年代には、今より人口が半減するとまで言われている。

高齢化率は全国平均を常に上回り、過疎が進む地域も少なくはない。

「年寄りも増えたけど、ここ十年、二十年で空ぎ家は、ホント多ぐなったあ」

そんな街の移り変わりを肌で感じるという木村さんは、八戸市周辺の家々に荷物を届けて回る宅配業者のベテランドライバーだ。

木村さんの後輩が、ある集落で体験した話だと語ってくれた。

八戸三社大祭も終わり、暑い夏も過ぎ去ろうとしていた八月の終わり頃。

木村さんは、同居する親の退院で早退することになり、午後からの配達を新人の佐藤君に任せることにした。

彼は慣れない地域での配達に自信なさげだったが、何事も経験だと言って送り出してやった。彼が向かった地域は八戸市外にある農村地帯。

木村さんが若いときから何度も担当した地域だが、馴染みのお客さんも独り暮らしのお年寄りが年々増え、高齢者率が高い地域だ。

木村さんに送り出された佐藤君は、カーナビと借りた地図を頼りに地域を回り、順調に配達をこなしていった。陽も落ちて夜の時間指定の配達でペースが落ち始めたが、何とか最後の配達先の集落に着いた。何軒かの家が横並びに建っており、配達先の家を探すと明かりが点いていた。

安堵とともに駐車スペースを探す。配達先の家の前には車が停まっており、配達の車を駐車できそうもない。辺りを見回すと、二軒ほど隣にある古い平屋の前が駐車できそうだ。平屋には明かりも点いていない――留守のようだ。佐藤君は早速その平屋の前に車を停めてハッチを開けた。その瞬間、平屋の玄関から大きな音が聞こえてきた。

バンッ！　バンッ！

何かと思いハッチに手を掛けながら、平屋の玄関を見る。

玄関は引き戸になっており、上半分が透明なガラスで下半分が磨り（す）ガラスになっている。

中は暗くて何も見えない。
バンッ！　バンッ！
音と同時に、下半分の磨りガラスを叩く白い掌が見えた。
（な、何だ！）
すると、今度はガラス戸から鈍い音がした。
ドンッ！
ガラス戸に張り付いた白い掌の間に、血の気のない白い顔がへばりついた。
その顔は曇りガラスなので表情が見えないが、頬をガラスにこすりつけている。
（うわっ！）
思わず固まってしまった佐藤君だが、ハッチを閉めて配達先の家へと急いだ。
深呼吸して息を整え、玄関のチャイムを鳴らす。
扉の向こうから家人の返事が聞こえた。
その声にホッとする——。
無事、荷物を届けることができたが、再び車に戻らなければならない。
覚悟を決めて車へと駆け出す。

その間もガラス戸を叩く音が聞こえてくる。

(あ、あれは、きっと認知症の年寄りなんだ。そうに違いない!)

そう自分に言い聞かせ、平屋を見ないように車へ乗り込んだ。

バンッ! バンッ!

車の中にまで聞こえてくる音から逃れるようにエンジンをスタートさせて、その場を走り去った――。

翌日、木村さんは佐藤君に声を掛けた。

「佐藤君、昨日はありがとな。んで、どうだった?」

「あ、はい。ちゃんと回れました」

「いがったあ。助かったあ」

「最後、ビビりましたけどね」

「どした?」

「○○集落の○○さんの家分かりますか?」

「ああ、分がるよ。車何台もある家だべ」

「そうです。そこの二軒隣の平屋なんですけど、あの家に認知症の人いるんですかね?」

「え？　認知症？」

「いやー電気も点いてない家で、玄関の戸をバンバン叩く人がいて、しまいにはガラス戸に顔押しつけたりして、マジでやばかったす」

「あの平屋の古い家だべ？」

「そうです」

「あの家、爺さん一人で住んでらけど、何カ月も前に死んでるぞ。今は空ぎ家だ」

「え？　空き家……」

佐藤君の表情から血の気が引くのが分かった。あの平屋では、年老いた男性が独り暮らしをしていた。木村さんも何度か荷物を届けたことがあったが口数少ない人だった。その男性が数カ月前の冬に、あの家で孤独死していた。訪れる人もなく発見まで数週間経っていた男性の遺体は、コタツに入っていたという。室内はストーブの燃料が切れたのか、外気と変わらず冷え切っていた。そのためコタツから出ていた上半身は綺麗な姿だったが、スイッチの入ったままのコタツの中にあった下半身は、かなり腐敗が進み凄惨な状態だった。

「じゃあ、オレが見たのって……」

「きっと、その爺さんだよ。下半身ダメだから、玄関まで這って助け求めてたのかもな」

木村さんは落ち込む佐藤君を見て、仕事を代わってもらったことを後悔した。

超高齢化が進む青森の片隅で起きた怪異である。

十和田湖奇譚（十和田湖）

平成になって間もなくのこと。当時、大学生だった和久さんは、テレビの心霊番組で取り上げられた十和田湖畔にある集会所へ仲間数人と車で向かうことになった。

深夜の山道を二時間ほど走り、十和田湖に着いた。しかし、すぐに見つけられると思えた集会所が、なかなか見つからない。まだカーナビがない時代。土地勘のない一行は集落の中を地図片手に探し回るが、右往左往するばかりだった。静まり返った夜の集落では、誰かに場所を訊くこともできない。車を停めて途方に暮れていると、仲間の一人が皆に、ある提案を持ちかけた。

「なあ、乙女の像に行かねが？」

同じく十和田湖畔にある乙女の像も心霊的な噂がある場所だ。全員一致で、乙女の像へと目的地を変更することにした。

息を吹き返した一行は、再び車に乗り込むと乙女の像がある休屋へと急いだ。宿泊施設や土産屋が建ち並ぶ休屋は、十和田湖畔で一番賑わう観光地。その土産物屋街を通り抜け、湖畔に近い場所に車を停めた。そこから徒歩で、ライト一本と月の明かりを頼りに遊歩道を進んでいく。湖畔に押し寄せる波の音だけが一行を乙女の像へと誘う。

程なくして乙女の像にたどり着く。昼は観光客で賑わっている観光名所だが、流石に深夜は物好きな彼らだけしかいない。

「怖くも何ともねえな」

乙女の像は和久さんを始め全員、子供の頃から遠足や家族とのドライブで何度も訪れている場所だった。そんな馴染みの場所のせいか、誰一人と怖がる者はいなかった。半ばしらけた雰囲気が漂い始めたときだった。

チャポーン――誰かが湖面に石を投げた。

それに釣られるかのように、次々と湖面目掛けて石切を競い始めた一行。まるで小学生の男子のように無邪気に石を投げる。ただ和久さんだけは違った。

先ほどからチラチラと視界の片隅に大きな人影が見えていた。

(何だアレは……)

他の者は誰も気づいていない。どうやら和久さんだけに見えているようだ。

下手に騒ぐと暗闇の中、皆が慌てて逃げることになり危険だ。そう思った和久さんは、必死に冷静を装った。

「和久もやるべし(やろうよ)」

「お、おお。分かった……」

仲間に呼ばれて、和久さんが石を拾うとしたときだった。ふと顔を動かした拍子に、見ることを避けていた人影の姿を見てしまう。その姿は乙女の像から十和田神社へと繋がる小道の前にあった。暗闇に浮かび上がった異様な様相に和久さんは息を呑んだ。身体とは不釣り合いなほど大きな顔が顎を引いて此方を見ている。そして神社へと繋がる道を通さんとばかりに立ちはだかる身体は、四股を踏むがごとく足を広げて腰を落としている。何よりも恐ろしいのが、こちらを見るギョロリとした大きな目だった。

(何だよコイツ! 化け物か?)

和久さんは得体の知れない者に、気づいていることを悟られないよう石切を始めた。

その間も、その得体の知れない者は微動だにしない。

しかし、いつ動いて襲ってくるかもしれないと思えば、生きた心地はしなかった——。

「そろそろ戻るべし」

ようやく誰かが、帰ると言い出してくれた。

（頼むから追ってくるなよ……）

「さあ、帰るべし！」

和久さんは皆を急かすように、その場を去った。

駐車場まで数分の道程が、やけに遠く感じた。

（一体アレは何だったんだ……）

乙女の像で見た得体の知れない者について誰にも伝えることなく和久さんは、十和田湖を後にした。

それから二十年後のこと。和久さんは事業を興して毎日忙しい日々を過ごしていた。

ある日、多忙が祟ったのか出張先で倒れてしまう。幸い数日間の入院で元気を取り戻したが、医者からは身体を休めるように言われた。退院後、急いで青森の自宅へ戻ると心配した家族が待っていた。そこには見たことのない初老の男性の姿もあった。

（誰だ？　この人は）

家族から紹介されたその男性は、心配した家族が呼んだカミサマだった。

（こんな人を呼んで、何考えてるんだよ）

そんな和久さんを察したかのように、カミサマは穏やかな口調で話しかけてきた。

「まあ、話っこでもどんです？」

するとカミサマは、世間話を交えながら彼の趣味から人柄、普段考えていることなど次々と当ててきた。これには家族も、彼自身も驚くばかりだった。そこで気を許した和久さんは、二十年前の十和田湖での体験をカミサマに話してみた。カミサマは目を瞑り話を聞き終えると、鞄から一冊の本を取り出した。

「どれどれ、その化け物みたいのは、こんな顔してなかったか？」

古めかしい本をめくり始めると、ある写真を和久さんに見せた。それは秋田のナマハゲの写真だった。

「んだ！　こった顔だった」

あのギョロリとした目は、こんな目をしていた。

「その晩、山にいる悪い物からアンタを守ってくれたんだ。まあ神様の使いだな」

和久さんの話を聞いたカミサマは、頭の中でその様子が浮かんだらしい。

その例えが、ナマハゲだったのだろう。カミサマは本を閉じ、更にこう告げた。

「アンタは、龍神様に好かれてるなあ。神様ごと大事にしへ」

「化け物だと思ってたのが、神様の使いだって聞いてびっくりしましたね。今は、ちゃんと十和田神社に参拝しに行ってますよ」

龍神伝説が色濃く残る十和田湖での希有な話である——。

朝靄の中から（弘前市）

りんご農家の朝は早い。弘前のりんご農家に生まれ育った孝子さんは、幼い頃、朝四時に母と一緒に起きていた。そんなに早く起きなくても良かったのだが、忙しい母親と少しでも一緒にいられる大事な時間、母が朝食と弁当を支度する側らで遊ぶのが彼女の日課となっていた。

――小学校に入学して間もなくの頃だったと思います。

家の周りの畑では、りんごの樹に白い花が咲いていた。春とはいえ朝は寒く、薪ストーブが焚かれた台所の隣にある居間で、母が調理する音を聞きながらマンガ本を読んでいた。

すると、窓の外から鈴のような音が聞こえてきた。

シャーン――。

（何の音だろう？）

孝子さんは窓から外を見てみた。朝霧が立ちこめる中を、畑の向こうにある集落の墓地に向かって女の人が歩いている。白い着物のような服を纏い、頭には何か変な物を被っている。

シャーン——。

どうやら音は、手に持った杖の先から鳴っているようだ。テレビの時代劇に出てくるような人——子供の目にはそう映った。

——今思えば、笠を被った四国のお遍路さんみたいな服装だったと思うんですよね。

見たことのない装いの人について、母に知らせようと台所へ駆け出した。

「ねえ、お母さん。外に変な人いだよ。時代劇の人！」

「あらぁんだのが。まだ、まんま（御飯）炊けてないから、もう少し遊んでへ」

忙しく手を動かす母は、孝子さんの話に耳を貸してくれない。

仕方なく居間に戻って、もう一度外を見ようと窓に近付いたときだった。

シャーン！　シャーン！　シャーン！

先ほどの音が家の近くで激しく鳴り響いた。

「お母さん！　この音！　この音だよ」

大声で母に訴えるが、全く反応がない。振り向くと母は、鍋の火の様子を見ている。

母には錫杖（しゃくじょう）の音も、孝子さんの声も聞こえていないようだ。その間も音は近付いてくる。

孝子さんは恐る恐る窓を覗いた。

シャーン！

今までで一番大きな音がした――と、同時だった。

――白装束の女が全身真っ黒になって、窓の向こうから私を見ていたんです。

纏っていた白装束も、被っていた笠も黒。持っている錫杖も黒。

顔も腕も……何もかも全てが黒かった。

「うわぁ！　お母さん！　窓、窓の外に！」

孝子さんは、台所の母の許へと逃げ込んだ。

「どしたの！」

孝子さんの悲鳴とも叫びともつかない声に、ようやく母が振り向いた。

「外に真っ黒な人がいるの……」

母が慌てて窓に駆け寄り、外を確認する。

「誰もいないよ。大丈夫だ」

　孝子さんは母に抱きつき、声を上げて泣いた。後から一部始終を家族にも説明したが、寝ぼけていたとか勘違いだと言って、誰も信じてはくれなかった。

　――今でも錫杖の音を聞くと、真っ黒な女を思い出します。あのとき母には錫杖の音も私の声も聞こえていなかったのが不思議なんですけど、子供にしか分からない何か悪い物だったんじゃないかと思うんです。

　二日後、近所の幼なじみでもある同級生の子が川に落ちて亡くなった。

　仲のいい子で事故の当日も一緒に遊んでおり、また明日と別れた後の事故だった。

　事故を目撃した男の子は、川に落ちたのではなく自分から川に入っていったと話している。

　真っ黒な女が子供を探していた――。

　亡くなった女の子は、あの朝に真っ黒な女に見つかったのか。

　朝霧の中に現れたのは、死神だったと孝子さんは思っているという。

ハイテンション（むつ市）

　むつ市には、秘かにカルト的人気を誇るスポットがある。そこは、下北のアウトサイダーアーティスト飛内源一郎さんが一人で切り盛りする「とびない旅館本館」。創業六十二年の旅館には、飛内さん制作のロボットなどのアート作品や、子供の頃から蒐集したモデルガン、プラモデルなどが所狭しと展示されており、飛内さんの人生の博物館ともいえる空間になっている。その様子がテレビやネットを始めとしたメディアで紹介され、コレクションと飛内さんの冗舌な語りを目当てに全国から泊まり客が訪れている。

　そして、近年この旅館を話題にしている出来事がもうひとつある。

　それは東北地方に伝わる子供の姿をした妖怪、座敷わらしが現れるというのだ。

「お客さんでね、子供の姿を見たっていう人もいるし、写真や動画にオーブっていうの？　それが写ったりしてるんだよ」

こう語る飛内さん自身も、誰もいない廊下をパタパタと走り回る子供の足音を何度か聞いており、十年ほど前から宿泊したお客さんが様々な体験談を話すようになったという。座敷わらしは複数いるらしく、一歳くらいから十歳くらいの男の子が数人に、小さな子の面倒を見る女の子の姿も目撃されている。

現れる場所も様々で、宿泊部屋もあれば、コレクションで溢れている百畳敷きの宴会場にも現れている。中には、座敷わらしを抱っこしたというお客さんまでおり、裸同然の男の子を抱っこしていると腕の中で、着物を着た男の子に姿を変えたという話まである。

筆者の私も飛内さんから、お客さんが撮影したオーブ動画を見せてもらったが、外国から来たお客さんが撮影したという動画には、初めて見る異国の人に驚いて戸惑うような動きをするオーブがあり、子供らしい雰囲気を感じとった。

「うち、子供が好きそうな玩具がいっぱいあるでしょう。特に小学生ぐらいの男の子が好きそうな鉄砲とかロボットがあるから、面白そうだなと来たんじゃないかな」

飛内さんは座敷わらしが現れる理由について、このように考えているそうだ。

そんな「とびない旅館」のファンである静岡県在住の美穂さんから、宿泊したときの変わった体験をオンラインで聞かせてもらった。

美穂さんが初めて旅館を訪れたのは、今から六年ほど前になる。

一人旅ということもあり少しだけ心細かったが、旅館の玄関を開けた瞬間から飛内さんの陽気で熱い歓迎により、一瞬にしてその気持ちは消え去った。

テレビで見ていた以上に飛内さんのトークが愉快で、完全にツボにはまってしまった美穂さんは、座敷わらしが一番目撃されている部屋を用意してもらった。

部屋には宿泊客が座敷わらしに持ってきた玩具が、たくさん置かれていた。座敷わらしに会えるかもという期待を胸に、布団に入った美穂さんは旅の疲れもあり、すぐに眠りに就いた。

どれぐらい眠っただろうか、ふと何かの拍子で目が覚めた。

(何時だろう?)

布団の中から窓の外を見ると、空は薄らと明るみを帯びている。

もう少し寝ようと思い、寝返りを打とうとしたときだった。

何かが足下で、動いている様が視界に入った。

ゆっくり視線を足下に動かす――誰かがいる。

(座敷わらし? いや、違う。背が大きい……)

少し明るくなった部屋の中で、その姿がはっきりと見えた。

ワイシャツ姿の大人の男が、両手を真横に広げ足下で垂直跳びをしている。

（え！　誰？　飛内さん？）

一瞬そう思ったが、顔も体型も飛内さんとは全く違う。

男の顔は無表情で、一点を見つめたままピョンピョン飛び跳ねている。

まるで、その姿は興奮して飛び跳ねる子供のようだったという。

「怖かったですよ。だって無表情なのに、動きがハイテンションなんですから」

呆気に取られる美穂さんは、飛び跳ねる男を黙って見ているしかなかった。

やがて朝日とともに部屋が明るくなると、男の姿が消えていったという。

座敷わらしではなく座敷オトコを目撃した美穂さんだが、その後も「とびない旅館」が気に入り計四回、宿泊しに訪れている。

そして宿泊すると決まって、朝四時頃にハイテンションの男を目撃している。

三度目に宿泊したときには、隣で寝ていた妹も一緒に男の姿を目撃した。

「私に座敷わらし、見えないいんですかね」

溜め息交じりにこう語った美穂さんは、飛内さん曰くかなりの美人さんだそうだ。

とびない旅館の座敷わらしには、姿を変えたという目撃談もある。

だとすれば、座敷わらしが美人の美穂さんの気を引こうと、大人の男に姿を変えたのかもしれない。

そんな背伸びをした座敷わらしがいてもいいだろうと、私は考えてしまった。

最北の座敷わらしに興味が湧いた方は、是非「とびない旅館本館」を訪れてほしい。

とてもピュアな座敷わらしと飛内さんが迎えてくれる。

母子感染（むつ市）

下北半島中心の街、むつ市に住む信夫さんは、十五年ほど前に故郷へ戻り実家で両親と暮らしながら、市内の宿泊施設に勤めていた。

地元を離れた二人の息子が、もう戻ることはないだろうと諦めていた両親は、長男の信夫さんのUターンを心から喜んでくれた。

むつ市に戻って一年ほど経った頃だったという。

信夫さんの職場で、ある騒動が起こる。厨房を始めとしたバックヤードに見知らぬ中年女性が現れるという噂だった。信夫さんも厨房で、その女性の姿を目撃していた。

ワンピース姿で伏し目がちに歩く女性を最初は新しい従業員かと思ったのだが、何度も同じエリアで見かけるのと、挨拶もせずに立ち去る姿に違和感を覚えていた。そこで、他の従業員にも訊いてみると、やはり皆も同じエリアで目撃していた。

気が付くとどこかへ消える姿に従業員達は口を揃えて気味が悪いと言い、中には幽霊ではないかと言い出す者まで出た。そんな騒動が職場で起こる中、信夫さんは家でも奇妙な体験をする。深夜、仕事を終え両親が寝静まった家に帰宅したときのことだった。

自室でビールを飲みながら寛いでいると、廊下を誰かが走る音が聞こえた。

パタパタパタ……。

両親と自分しかいない家で、決して聞くことがない子供の足音だった。

きっと気のせいだと、自分に言い聞かせたのだったが――。

これを皮切りに、信夫さんは子供の足音を昼夜問わず耳にすることになる。

身の回りで、奇妙なことが起き始めて十日ほど経った頃。

信夫さんは両親との夕食の席で、自身の周りで起きていることについて話してみた。

すると母親の静子さんから、意外な言葉が返ってきた。

「家の中さ、何がいるよね」

静子さんも、家の中で子供が走り回る足音を何度も聞いていたと話す。

更に静子さんは、こんなことも話し始めた。

「こないだ伸二から電話あってさ。伸二もね最近、変なことあるって話してらのよ」

信夫さんの弟の伸二さんは、首都圏で会社の男子寮に住んでいた。その寮で男風呂を覗く不審人物がいて、騒ぎが起きているというのだ。不審人物は中年の男で、換気用の小窓から中を覗いていた。ある日、現場を取り押さえようと男の顔が小窓から見えたとき、同僚がすぐさま外へ飛び出したのだが、その姿が一瞬にして消え去ったというのだ。

しかも外から小窓を覗こうとするには、ハシゴを使わないと無理な高さなのだが、その痕跡さえ見当たらず、とても人間業ではないと噂になっているというのだ。

「へえー。伸二のところでも、そんなことあったんだ」

「何か気味悪いのう。その男も幽霊なんだべが？」

「すったもの、いるわげねえべ。気のせいだ」

信夫さんと静子さんが、そんな話をする横で晩酌をしていた父親が一笑した。

数日後のこと。

信夫さんが深夜に帰宅すると、いつもは必ず閉まっているはずの両親の寝室のドアが開いていた。しかし疲れていた信夫さんは、気にも留めず自室に入り眠りに就いた。

翌朝、静子さんが血相を変えて信夫さんに話しかけてきた。

「出だ！　出だのよ！」

「何がだよ？」

寝起きの信夫さんには、静子さんの慌てぶりがすぐには理解できなかった。

「子供！　子供が出だのよ」

ようやく理解できた信夫さんは、静子さんの話に耳を傾けた。

「あのね。夕べ寝でたらさ——」

寝室で寝ていた静子さんは、いつものように廊下を走る子供の足音で目を覚ました。

パタパタパタ……。

(まんだ走ってる——)

睡眠を阻害され、イラついた気持ちでいると、いつもは走り去る足音が寝室の前でパタリと止まった。

(——ド、ドアの前さいるんだが？)

恐怖で布団から動けずにいると、ゆっくりとドアが開いた。

(うわあ、来ねでけろ)

すると五、六歳の男の子が、寝室の中へと入ってきた。

男の子は寝ている静子さんに近付き、小さな手で静子さんの手を思い切り引っ張った。

ひんやりとした小さな手は、静子さんを布団から起こそうかというような勢いで、静子さんの手を引っ張る。

寝たふりを続ける静子さんに男の子が語りかけてきた。

「ねえ、お母さん行こうよ！　行こうよ！　ねえ！」

このままだと何処かへ連れて行かれると思った静子さんは、布団をはね除け思い切った行動に出た。

「あんたのお母さんじゃないよ！」

気丈にも男の子を叱りつけたのだった。すると男の子は悲しげな表情を浮かべ、スーッと消え去ったという。

「あの足音の子か……」信夫さんは、帰宅したときに開きっぱなしだったドアの理由が分かった。「おっかねがったよ。だけど、この人だば――」

静子さんが、食卓で新聞を広げる父親を睨みつけた。父親は一部始終を布団を被って黙って見ていたのだった。「まんず薄情な人だの」

「まあ、オヤジは置いておいてさ。その男の子は一体何なんだろう？　心当たりないの？」

信夫さんは父親に気を遣いつつ、静子さんに問いかけた。

「もしかして、何だけど……」

静子さんが、信夫さんに朝のお茶を差し出しながら語り出した。

「仕事でさ、恐山に配達に行ったのよ」

静子さんの勤め先では、恐山の土産物屋に商品を納入していた。

普段は配達に行くことはないのだが、二週間ほど前に配達に同行することになった。その配達を終えてから、妙に身体が重かったという。

車酔いする体質なので、車酔いだと思っていた。しかし、その日の晩から例の子供の足音が走り回るようになったというのだ。逆算すると、信夫さんが初めて足音を聞いたのも、その辺りになる。

「恐山から、おふくろに憑いてきたんでない？　これ、お寺に相談したほうがいいかも」

「そうね。まんず相談してみようか」

早速、その日のうちに静子さんは寺院に相談することにした。

相談に訪れた寺は菩提寺ではなかったが、むつ市内で何かとこの手の案件に強いという評判の寺だった。

静子さんは、住職に家に現れた子供の話を伝えた。

「なるほど。恐山から連れてきましたね」住職は御本尊の前で、ゆっくりと語り出した。

「やはり、そんですか」

「子供だけじゃないですよ」

「え？　他にも？」

「中年の男性と女性が一人ずつ。その二人があなたの息子さん達の所にいますね」

静子さんは住職の言葉に驚愕した。信夫さんと伸二さんの職場や、寮で起きていた騒ぎの原因に自分が関連していたとは思いもよらなかった。

静子さんは、住職に息子達のところで起きた全てを話した。

「そうでしょう。まあ、これから御祈祷するから大丈夫ですよ」

住職が御本尊に向かい読経する中、静子さんも必死に手を合わせて祈った。

御祈祷を終えた日から、家では男の子が走り回ることも、姿を現すこともなかった。

そして、信夫さんの職場と伸二さんの寮でも、中年の男女が現れることがなくなり、騒ぎは終息したという。

それから静子さんは、二度と恐山を訪れることなく数年前に他界した。

「母親から、オレ達兄弟に憑くなんてびっくりしましたよ。ホント早くお寺に行って良かったです」

信夫さんが、今は亡き母親との思い出の一つとして語ってくれた。

予知夢（弘前市近郊）

津軽地方で古い歴史を持つ神社が実家の沙織さんは、幼稚園のときに父親が宮司を継ぐことになり神社へと引っ越してきた。明らかに普通の家とは違う神社の雰囲気に、慣れるまでかなりの時間を要したという。そんな神社の生活にも、流石に小学校に入る頃には慣れたのだが、どうしても苦手な場所が一つだけあった。

「仏教の仏壇に当たる御霊舎が怖くて、ずっと避けてました。そこだけ空気が他とは全く違うんです」

中学生になると、その御霊舎と背中合わせの部屋を自室として与えられた。御霊舎が怖いという気持ちはあったが、両親が増築までして部屋を与えてくれたことへの感謝の気持ちと、初めて自室を持つ嬉しさのほうが勝っていた。

しかし沙織さんは、この部屋で奇妙な体験をすることになる。

「部屋にいると、外から女の人が自分の名前を呼ぶんです。ドアを開けても誰もいないということが度々ありました」

家族に確認しても、誰も彼女を呼んでないという。

(何か……この部屋にいる)

部屋への恐怖心が芽生えると、金縛りに襲われる日々が始まった。受験を控えた中学三年のときだった。深夜、勉強を終えベッドで眠りに就くと、いつものように金縛りが襲ってきた。すると顔の真上で、ボソボソと会話する声が聞こえてきた。

(誰？　何を話してるの？)

恐怖でベッドから逃げ出したいが、金縛りで身体は動かない。いやでも二人の会話が耳に入ってくる。何を言っているのか分からないほどの小さな話し声。しかし語尾だけが、はっきりと聞こえる。

「――で、そうろう」

「――で、ござる」

まるで武士のような話し言葉だ。

自分について語っているようにも聞こえる。

(私の顔を覗き込んで話してるの？)

沙織さんは意を決して、ゆっくりと目を開けてみた。しかし、目の前にあるはずの男達の顔はなかった――。同時に声も消え去り、金縛りからも解放された。

(何だったの……)

汗ばんだ身体が、急に冷めていく感覚だけが残った。

この体験の後から、沙織さんは妙な夢を見るようになった。

「デジャブとか予知夢っていうんですか？　夢で見たことが実際に起きるんです」

夢の内容が数日後、数週間後、ときには数年後に起こる。

「友達と学校の帰り道での会話とか。あれ？　これ夢で見たのと同じだって……」

中には人生の大事なシーンが、夢と寸部狂わずに起きることもある。

「自分の結婚とか、子供の成長も夢で見ていたんですよ」

結婚式の夢で見た相手と数年後に出会い、夢と全く同じ式を挙げる。

何げない子供の成長の一場面も、何年も前に見た夢と同じ――。

いつしか、自分が出てくる夢を意識するようになった沙織さんは、一つだけ気になる夢を近年、何度も見ているという。

「自分の葬式の夢を見るんです」

葬式の場には、悲しむ家族や友人達がいる。立派な祭壇には、自分の好きな花が飾られている。そして遺影の中には、近い将来の年齢の自分が笑顔で写っている。

「これだけは起きてほしくないので、こうしてお話しさせていただいてます。夢の内容を言うと正夢にならないって言うじゃないですか……」

沙織さんは現在、実家の神社で禰宜の職に就いている。空き時間を見つけては、古い歴史を持つ神社について調べているという。その中で、こんなことが分かった。

弘前藩と関係が深かったという神社では、歴代の藩主の正室が藩主の無事を祈願し、占い場として訪れていた。その関係で先祖の神職は代々占いに精通しており、沙織さんの祖母も評判の占い巫女として活躍していた。

沙織さんは自分の部屋での体験について、御霊舎の先祖が関係しているのではと考えている。そして先祖から流れる占いの血が、不思議な夢を見せているとも――。

近い将来、神社を継ぐべく勤しんでいる沙織さんの葬式の夢だけは、予知夢にならぬよう願うばかりである。

オシラ様奇譚（弘前市近郊）

東北地方の家の守り神として伝わるオシラ様は、岩手県遠野の馬と娘の悲しき伝承が代表的だが、起源には様々な説があり未だ謎めいた要素が多い。青森では祀る家こそ少なくはなったが、今でも県内全域で信仰されている。個人の家で代々祀られているオシラ様もあれば、集落で祀られているオシラ様もある。その祀られる神様としての役割も、家や地域によって違い多種多様だ。例えば農村では農耕の神様であり、漁村では大漁と海での安全を願う神様の役割を持っている。こうして祀られてきたオシラ様の神事として、オシラ様アソバセがあり、南部でも津軽でも昔から、オシラ様アソバセを担ってきたのがイタコだった。しかし伝統的なイタコの減少により、現在オシラ様アソバセを行うイタコは、南部地方では八戸市に一人しかおらず、他の地域ではイタコに代わって一部の神社や寺院、カミサマが神事、仏事としてオシラ様への祈祷を行っている。

弘前市にある真言宗の護国山観音院久渡寺は、その代表的な存在だ。

津軽地方のオシラ講の総本山であり、毎年五月に開催されるオシラ様の例大祭には、県内はもとより、遠くは北海道からもオシラ様が集まる。

そんなオシラ様に纏わる奇妙な話を、久渡寺の須藤光昭住職から聞かせていただいた。


数年前、津軽地方に住む中年夫婦が寺を訪ねてきた。

大きな風呂敷包みを抱えた夫婦は、神妙な顔をして須藤住職に相談したいと申し出た。

「先日、家が火事で全焼したんです。その焼け跡からこれが……」

包みが開かれると、中から現れたのは立派なオシラ様だった。夫婦が語るには、オシラ様を先祖代々祀っていたそうだが、夫婦の代になって何も神事を行うことなく家の仏間に置いていたという。それが全て焼けてしまった中から、このオシラ様が焼けずに残って出てきたのだ。驚いた夫婦が知人に相談したところ、オシラ様なら久渡寺に相談したほうがいいと勧められてきたという。

「拝見してもよろしいですか?」

須藤住職は、オシラ様を手に取って状態を確認した。

ツーンと鼻をつく焦げた臭いが、火事現場にあったことを物語っている。

煤と放水による汚れが着物にはあるが、目立った損傷はないようだ。

「オラだち祀り方も分からないから、オシラ様をこちらのお寺に納めたほうがいいかと思いまして」

「そうですか。しかし先祖代々からお祀りしてきた大事な神様でしょうから、新しいお包みの着物を着ていただいてしっかりと、祀られるのが良いかと思いますよ」

夫婦は須藤住職の話に深く頷いた。

「分がりました。それで着せ替えというか、着物を開けるのオラだちがやってもいいものですか？　何か御神体は神聖な物だからと、知り合いが言ってたもんで」

「御心配なら拝んでから着せ替えしてもいいですが、新しい着物が準備できるまで汚れたままにしておくのはオシラ様が可哀想です。よければ汚れた着物を開けましょうか？」

「それは、是非お願いします」

こうして須藤住職が、オシラ様を包んでいる綺麗な着物を開けることになった。

オシラ様に合掌をし、着物を一枚ずつ開けていく。

すると露わになった御神体を見て、須藤住職と夫婦は息を呑んだ。

御神体が黒く焦げていた――。

着物は燃えていないのに、御神体の桑の木だけが焼けていた。

「どうして御神体だけ……」

「やはり、しっかりとお祀りしたほうがいいですね」

夫婦は信じられない出来事に言葉をなくし、黒く焦げた御神体に手を合わせた。

数え切れないほどのオシラ様を見てきた須藤住職も、このオシラ様の姿には本当に驚いたという。その後、お包みの着物と津軽のオシラ様の特徴でもある冠などが新調され、御祈祷が執り行われた。そして件のオシラ様は、夫婦の許へと帰っていった。

「あの夫婦はこうも話してました。本来、家を空ける予定でなかったのに急な予定が入り、家を空けることになった。もし家にいたら、あの火事に巻き込まれていたかもしれない。そう考えるとオシラ様が守ってくれたのかもしれないと」

須藤住職の話を伺って、私はこうも考えた。祀られなくなったオシラ様が、自らの存在を知らしめるために怒って火事を……。オシラ様が何を伝えたかったのかは知る由もない。

どちらにせよ件の夫婦が、オシラ様を祀ることで平和に暮らされていればと思う。

出稼ぎの家（五所川原市近郊）

昭和の終わり頃、正月を迎えたばかりの津軽の漁村にサイレンが鳴り響いた。

風雪から家を守るカッチョという板塀が建ち並ぶ集落で、出稼ぎ先から一時帰省した夫が酒に酔い、口論の末に妻を刺殺するという事件が発生した。

当時、若手警察官だった伊藤さんも、所轄署からパトカーで現場に急行した。

世の中はバブル経済で好景気だと謳（うた）われていたが、ここ津軽では農業や漁業だけでは収入が安定せず、一家の大黒柱が家族と離れて出稼ぎに行くという厳しい時代が未だ続いていた。

中でも事件が起きた地域は、全世帯の七、八割が出稼ぎに出る津軽地方でも指折りの出稼ぎ地帯だった。

事件の起きた家でも、一家の主である父親の帰りを妻と子供達が待ち続けていた。

家の中には正月の料理が食卓に置かれ、子供達への土産だろうか真新しい玩具が寂しげに転がっていた。

一瞬にして幸せな時間を奪われた現場を見て、伊藤さんは残された子供達が不憫に思えて仕方なかった。

夫は現場で緊急逮捕となり、住民達が家の様子を不安そうに見守る中、伊藤さんが勤務する所轄署へ連行された。


署の留置所に、夫が拘留されてから数日過ぎた頃だった。

伊藤さんは、当直勤務で留置所の担当業務に就いていた。

留置所には件の夫だけが収監されており、就寝時間には早々と布団にくるまりイビキを掻いて熟睡する彼の姿があった。

その姿を見ると、とても数日前に自分の妻を殺害した男とは思えなかった。

つくづく犯罪を犯した人間の心理は理解できない――と思いながら留置所勤務を続けた。

すると署内から留置所へと繋がる鉄製の扉が開く音がした。

（誰が来たのか？）

留置所の扉は二枚ある。

署内から一枚目の扉は、上の部分が強化ガラス製の窓になっており、中に入るにはこの扉をノックして留置所に入ることを知らせる決まりになっていた。

そしてノックを聞いた留置所内の担当署員は、二枚目の扉にある確認用の小窓から一枚目の扉の向こうにいる相手を確認し、二つの扉の鍵を内側から開錠する。

このような手順になっているのだが――。

（どしたんだ？）

疑問に思いながらも、その場を離れる訳にはいかず扉を凝視する。

誰かが一枚目の扉の鍵を開けて、入ってきたのなら次の行動に出るはずだ。

二枚目のドアを開錠するか、ノックするはず……。

しかし、いずれの音も聞こえてくることはなかった。

留置所内では、鉄格子の向こうからイビキだけが聞こえる。

そして開けたはずの一枚目の扉を閉めるはずだが、その音さえも聞こえてはこなかった。

（おがしいぞ……）

ふと、ここ数日のことを思い出す。

署内では夫が収監されてから、不可思議なことが起きていた。

夜間に来署者が訪れると、反応する玄関のブザーが誰もいないのに何度も鳴る。

日中、二階にある道場兼会議室を歩き回る足音。

入室したかと思うと、どこにもいない女の影――。

署内では、秘かに殺された妻が署に来ているのではと、噂になっていた。

伊藤さんは見えぬ恐怖に怯えながら、交替の署員が来るのを待ち侘びた。

（もしかして、さっきの扉を開けたのも……）


コン、コン――。

一枚目の扉をノックする音だった。

小窓から確認すると、交替の署員の姿が見えた。

急いで二つのドアの鍵を開ける。

「お疲れ様」

「お、お疲れ様です。あのう、さっぎ入ってきました？」

「いや、入ってねよ。どした？」

「いえ、何でもないっす……」

伊藤さんは急いで引き継ぎを済ませ、留置所を出て他の職員の許へと向かった。

「なあ、さっき誰が留置所さ来た？　扉ごと開けだ？」

「開けるわげねえべ。したって扉の鍵、オメ持ってらべよ」

「――んだよな」

警備上、留置所の扉の鍵は外からの侵入を防ぐため、留置所内で鍵を管理していた。

外から扉を開けて入ることは絶対に無理だった。

あの扉を開けたのは、一体誰だったんだ……。

伊藤さんは、鉄の扉が開く鈍い音が耳から離れずに朝を迎えた。

その後、夫の身柄が検察へと移されると署内での不可解な現象は、二度と起こることはなかった。


それから十年後、伊藤さんは件の事件があった集落に駐在として赴任した。

駐在は地域に溶け込むことが大事だ。

ありとあらゆる地域の行事に顔を出し、地域の人たちとの交流を深めた。

ある行事の打ち上げの席でのことだった。

「まあ駐在さんよ、一杯飲んでけろ」

漁師の男性が隣に座り、酒を注いできた。

「いやあ、どうもありがとうございます」

「ところで駐在さんは、こごら初めでだが？」

「昔、ここの所轄にいたことありましたよ。そうそう、殺人事件のときも来ましたよ」

「――そ、そうが。あの事件なあ」

「まんず、痛ましい事件でしたね。わらはんど何人もいで」

「駐在さんよ、あの事件の後にあったこど知ってらが？」

漁師の男性が事件の後日談を語り出した。

「わらはんど（子供達）赤ん坊は親戚が引き取ったんだばって、他の兄弟がよ、暫く家さ残ったんだね。んで、おやぐ（親戚）が様子ば見に行ってらんだ」

「わらはんど、あの家さ住んでらんですね」

「んだ。してな、寂しくねが？　たまに晩げまま（夕食）でも食いに来いって言ったら、わらはんど何て答えだと思う？」

「いや、分がんねす」

「母っちゃが毎日来るから、寂しぐねって答えたんだど」

「そったごど、あったんですね……」

突然、夫により命を奪われた母親にとって、残された子供達が気掛かりだったんだろう。親としては当然だ――。

そんな被害者の妻のことを思うと胸が熱くなり、コップに注がれた酒を一気に呑み干した。

「あどよ、もう一つおがしけだ話あるんだね」

伊藤さんは、再び男性の話に耳を傾けた。

「あの事件あった家でよ。昔も同じことあったんだね」

事件が起きた家では、その十年ほど前にも出稼ぎ帰りの夫が妻を殺害していたという。

サイダー（外ヶ浜町）

青森と函館を結ぶ青函連絡船が、まだ津軽海峡を航海していた昭和五十年代のこと。

津軽海峡に面した平舘村（現・外ヶ浜町）では、小学三年生の信平さんが友人の祐介と毎日、自然豊かな海や山で遊んでいた。

そんな二人を自分の孫のように、可愛がってくれる一人の老婆がいた。

二人が『婆っちゃ』と呼ぶ老婆は、祐介の家の向かいにある一軒家で独り暮らしをしており、いつも二人を家に招き入れては、ジュースやお菓子を振る舞ってくれた。

当然、二人とも婆っちゃのことが大好きで歳の離れた友人でもあり、親戚の優しいお婆さんのような存在でもあった。

ある日の午後、二人が家の前で遊んでいると——。

「オメ達、お菓子ッこあるはんで家さ来いへ」

背後から、二人を呼ぶ婆っちゃの声がした。

「はあい！」

二人は返事とともに振り向くが、婆っちゃの姿がどこにも見当たらない。

「あれ？　婆っちゃ、いねえな」

「家の中さいだべが？」

二人は道を渡り、婆っちゃの家へと向かった。

「婆っちゃ！　オラ達だよ」

玄関を開けて大声で呼びかけるが、家の中は静まり返っている。

「裏の浜さでも、行ってらんでない？」

「んだね、中さ入って待ってるべし」

勝手知ったる他人の家、二人は家に上がると居間で婆っちゃの帰りを待つことにした。

ちゃぶ台の上には、サイダーが注がれたコップが二つと、煎餅やチョコレート菓子が山盛りになった菓子鉢が置かれていた。

サイダーは、コップの中で泡を立てており、今さっき注いだかのようだ。

二人はちゃぶ台の前に座り、暫く婆っちゃの帰りを待った。

しかし、待てど暮らせど帰ってこない。

「信平、お菓子食べて待ってようか？」

「そすべし！」

しびれを切らした二人は、冷たいサイダーとお菓子の誘惑には勝てず、次々と菓子を頬張りサイダーで喉を潤した。

だが菓子を食べ終えても、婆っちゃは帰ってこなかった。

「後で、また来るべ」

待ちぼうけた二人は、再び顔を出すことにして裏山へと向かった。

裏山では木に登ったり、虫を捕まえたりと夢中で遊んだ。

いつしか婆っちゃの家に寄ることも忘れてしまい、夕方五時を知らせる村内放送の音楽が流れると、二人は互いの家へと帰っていった。

信平さんが家に着くと、家の前で近所の大人達が集まって何やら話をしている。

「どしたの？　何かあったの？」

大人達の輪の中にいた父親に事情を訊く。

「オメのケヤグ（友達）の祐介の向かいの婆っちゃの家で、何かあったみたいだ」

驚いた信平さんは、その足で祐介の許へと向かった。

パトカーが数台止まり、近所の人が集まる婆っちゃの家の前に祐介の姿があった。

「婆っちゃの家で、何かあったの？」

「ば、婆っちゃ二階で、死んでたみたい……」

「え？　どして？　オラ達に家さ来いって呼んだっきゃ」

「分がんね……」

二人は急な訃報に唖然とするが、すぐさま極度の不安に苛まれる。

黙って人の家に入り、勝手にお菓子を食べてサイダーを飲んだ。

コップには、自分達の指紋が残っている——警察に捕まるかもしれない。

そんな不安が、二人の少年の頭の中をグルグルと駆け巡った。

「どうしよう……」

すると玄関先で、警官と話す婆っちゃの妹さんを見つけた。

二人は、大人の間をすり抜け彼女に近付くと、小さな声で語りかけた。

「あのう……おばちゃん」

「オメ達……。婆っちゃ死んでまったんだよ」

二人の姿を見て、悲しげに語りかける妹さん。

「ボ、ボク達……」

周囲に悟られないよう、二人は小さな声で妹さんに事情を説明した。

「んだのか、分がった。オメ達なんも気にすんな。婆っちゃは昨日の夜に死んでらんだど。婆っちゃ、オメ達のことメゴくて最期に会いたかったんだべな」

自分達を呼んだとき、婆っちゃは既に亡くなっていた——。

二人は不安が解消された安堵感と、大好きな婆っちゃが亡くなったという現実が入り交じり声を上げて泣いてしまった。


それから三十年後の夏の夜。

県内の他市に住んでいた信平さんと祐介は、地元の友人二人と久々に酒を酌み交わしていた。酒が進むと懐かしい少年時代の話で盛り上がる。

すると、地元に残る友人のひとりが、こんな話を切り出した。

「祐介の向かいの婆っちゃの家、まだあるぞ」

「え！　まだあるの？」

信平さんも驚いたが既に両親も他界し、実家を取り壊していた祐介も驚きの声を上げる。

「んだ。空き家で、あそこだけ昔のまんまだ」

「よし！　これから行ってみるべ！　オメ達だば懐かしいべよ」

「行くべ！」

地元組の半ば強引な誘いで信平さんと祐介は、婆っちゃの家を目指すことになった。

月夜に照らされながら海沿いの道を歩くと、子供の頃にあった店や建物がなくなっている風景に、どこか物悲しさを感じる。

しかし波の音や、潮の香りは何も変わらず、そんな悲しさも忘れさせてくれる。

十分ほどで、懐かしい光景が目に入った。

「ほら、昔のまんまだべ」

明かりの消えた婆っちゃの家は、年月で劣化はしているが、昔の佇まいそのままだった。

「中に入れるんだべが？」

地元組の一人が、玄関を開けようとする。

「やめれって！」

「開がねえな。鍵掛がってら」

「あだりめだべよ。ほら！　もういいね帰るべ」

信平さんが酔っ払った地元組を宥める。

「こっちさ来い！　家の中が見れるぞ」

家の横に回っていた友人が他の者達を呼ぶ。

渋々、信平さんと祐介も家の横に回ってみた。

そこは、二人が婆っちゃと過ごした居間の掃き出し窓だった。

地元組の二人が家の中を窓から覗き込む。

「何ともねえな。もっと荒れてるかと思ったけど」

――こいつら廃墟探検のつもりか？

信平さんと祐介が、苦笑いをしながら目を合わす。

「オメ達も、こっちさ来て見でみれ」

「いいよ、オラ達は」

遠慮する二人は地元組に手を引かれ、掃き出し窓へと向かった。

「仕方ねえな」

信平さんと祐介は、窓から中を覗き込んでみた。

月明かりに照らされた居間はタンスやソファ、テレビも昔のままで綺麗な状態だった。

「何も変わってねえな」

「んだなあ」

すると、居間の中央に置かれたちゃぶ台を見た瞬間、二人は息を呑んだ——。

ちゃぶ台の上には、菓子鉢に山と盛られた菓子とコップに注がれたサイダーが、泡を立てて二つ置かれていた。

まるで二人が来るのを待っていたかのように——。

驚いた信平さんは、すぐに窓から離れてしまった。

しかし祐介だけは、じっと窓の向こうの光景を見つめながら三十年前のあの日と同じ言葉を口ずさんだ。

「婆っちゃ、オラ達だよ——」

八甲田山——生還（青森市）

青森県の中央に位置する八甲田山は、奥羽山脈最北の火山連峰であり、四季折々の絶景が人気の青森を代表する景勝地の一つだ。

しかし、その美しい自然は時として人間に牙を剥く。

今から百二十年ほど前の明治三十五年一月、旧陸軍第八師団歩兵第五連隊が寒冷地での進軍を想定した訓練で、二百十名の隊員のうち百九十九名が命を落とすという世界でも類を見ない遭難事故『八甲田山雪中行軍遭難事件』が起きている。

この惨劇で犠牲になった兵士の霊を目撃したという話は数多くあり、多くの書籍やメディアでも紹介されてきた。

特に八甲田山中に建てられた雪中行軍遭難記念像では、二〇〇〇年代初頭にテレビの心霊番組で、兵隊らしき姿を捉えた映像が放映され話題になったこともあり、いわゆる心霊スポットとして訪れる者が後を絶たない。

青森市で大学生活を過ごした本田さんも、その心霊番組を見た世代で大学の友人数名と深夜の雪中行軍遭難記念像を訪れたことがあった。

「特に何も起きなかったんですけど、家に帰ってから変な夢を見るようになって」

本田さんが、その夢の内容を語ってくれた。


夢は、自分が暖かい部屋の中にいるところから始まる。

木枠のガラス窓から、外の雪景色が見える。

坊主頭の若者達が談笑しながら、荷支度をしている。

自分もその中で同じことをしているようだ。

「訓練が終わったらコレだあ」

仲間のひとりが笑顔で杯を呑み干す仕草をする。

その姿に大笑いする部屋の仲間達。

自分も笑っている——実に楽しい時間だ。

場面が変わり、辺り一面真っ白な雪景色の中を隊列が行進している。

その集団の中に自分がいた。
ギュッ、ギュッと雪を踏みしめながら、隊列が歩を進める。
天気は良い、気分が高揚している。
次第に雪が深くなり、皆で力を合わせてソリを押す。
重い……何て重いんだ。
熱い……身体から湯気が上がるほどの汗を掻く。
やがて風が強くなり雪が舞うと、雪原の中で隊列が停まった。
ようやく休憩のようだ。
皆で握り飯を食べている――何て美味い握り飯だ。
再び隊列は雪の中を歩くが、天気は悪化していく。
吹雪の中を、何度も雪に埋まりながら歩く。
陽も落ちて吹雪で何も見えない。
寒い……自分達は一体どうなるんだ？
雪に穴を掘る。その中で立ったまま夜を明かす。
「おい！　寝るな！」

誰かに身体を揺さぶられる。

寒さで凍えて死にそうだ……。

本田さんは、雪中行軍の兵士になった夢を見ていた。

夢は翌日から吹雪の山中を彷徨(さまよ)い歩く場面へと続く——。


一体、何日こうしているんだろう。

朦朧(もうろう)とした意識の中、仲間と支え合いながら気が狂いそうな冷たい白い地獄を彷徨う。

次々と仲間が倒れて死んでいく。

もう無理だ……自分も死ぬ。

意識が遠くなり、遂には気を失った。

真っ暗だ……自分は死んだのか？　寒い……寒い……寒い……。


夢はここで終わり、すぐさま目が覚めた。

同時に、歯がガタガタと音を立てるほどの寒気が本田さんを襲う。

薄い夏布団で身体を包み、夢のせいかと考えながら身体が回復するのを待った。

「やたらリアルな夢でした。寝起きの寒さも尋常じゃない寒さでしたね」

本田さんはこの日から、この夢を毎晩続けて見ることになる。

暖かい部屋での荷支度から始まり、好天の雪原を進む行軍、雪中野営、猛吹雪の中を彷徨う自分と仲間、次々と倒れる仲間、そして最後に自分が死ぬ。

寸部違わぬ夢と寝起きに襲ってくる異常な寒さ。

「流石に数日も、同じ夢を見るんで気持ち悪くなったんです。お祓いとかに行ったほうがいいのかと友人にも相談し始めたんですよ」

一週間が過ぎ、十日目が近付いたときだった。

「夢の最後が違ったんです」


いつもは限界が来て自分が死んだと思い、夢が終わるのだが……。

「おい！　おい！　しっかりしろ！　助けに来たぞ！」

誰かの声がする。

二度と開くことがないと思った瞼（まぶた）を開けてみる。

人だ……助けに来てくれたのか？

「生きてるぞ！　しっかりしろ！」

大勢の声がして、たくさんの手で担がれる。

帰れる……やっと帰れる……よかった……。

「オマエ、仲間の身体に挟まれて生き延びたんだな」

誰かが言ったこの言葉で、夢が終わり目が覚めた。

いつも襲ってきた異常な寒さもなく、久々に普通の朝を迎えることができた。


捜索隊に救助されたシーンを最後に、本田さんの雪中行軍の夢は幕を閉じ、二度と見ることはなかった。

「これを誰かに話すと、八甲田山の映画を見た記憶じゃないの？　て言われるんですけど、オレ当時、十九とかですからね。映画なんて知らなかったですし、今でも見たことはないです。それと毎日、全く同じ夢を見ることなんてあるんですかね？　きっと生き残った誰かが自分に見せたんでしょうね。自分の雪中行軍での体験を――」


救助された隊員は十七名、うち六名は救助後に懸命な治療の甲斐なく亡くなっている。

本田さんが見続けた夢の日数と遭難事故の時系列を照らし合わせると、恐らく九日目に救助された生存者の誰かと考えられる。

しかし、仲間の遺体の中から生存者が見つかったという記述が見つからない。

八甲田山雪中行軍遭難事件は軍事訓練の中での遭難事故であり、軍事機密として隠されていたことが多く、今でも事件の詳細が研究されている。

本田さんに夢を見せた生存者は、もしかしたら自分が生還した内容を伝えたかったのかもしれない。

自分が仲間の犠牲の下に助かったことを――。

八甲田山――帰還（青森市）

八甲田山では、雪中行軍遭難事件から九十五年後に再び悲しい事故が起きていた。平成九年七月十二日、陸上自衛隊青森駐屯地に駐屯する第九師団のレンジャー養成訓練で、学生隊員三名が窪地に滞留していた高濃度二酸化炭素ガスにより亡くなる事故が発生した。

当時、青森駐屯地で三年目の隊員生活を送っていた平田さんは、事故の当日、同僚隊員数名と青森市内で休日を満喫していた。

門限時刻までに夕食がてら一杯やろうと、中華料理屋に入り席について間もなくのことだった。平田さんの携帯電話に、駐屯地より着信が入った。

非常呼集――直ちに帰隊しろとの内容だった。

全員、即座に席を立ち店を出ようとしたとき、テレビに速報テロップが流れた。

〈八甲田山で訓練中の自衛隊員十二名が救急搬送〉

「これか……急ぐぞ」

平田さん達は、タクシーを拾い急いで駐屯地へ向かう。

営舎に戻ると他の同僚も次々と帰ってきたが、誰もが事故のことを知ってか表情が硬く、黙々と迷彩服に着替え、告げられた集合場所へと移動した。

集合時間になると当直の上官から状況が説明された。

「本日、フタマルヨンゴウ（自衛隊用語で二十時四十五分）八甲田山にてレンジャー養成訓練中の学生隊員が、火山ガスを吸い十二名が市内病院に救急搬送された。残念ながら三名が亡くなった。亡くなった学生隊員は本隊の……」

上官が告げた隊員の名前を聞いて、平田さんは愕然とした。

三人とも親しい先輩だった。

厳しい上下関係の中、決して威張ることなく後輩の面倒見が良かった。

（何で、あの人たちが……）

周りの同僚隊員も同じ気持ちなのか、暗い面持ちだった。

そんな中、上官から戻ってくる御遺体を安置する安置所の設置が命じられた。

深夜遅く、三人の御遺体が無言の帰隊をした。

仮の安置所では、一時間交替で入り口と安置所の中を隊員が警備することになった。

平田さんも、安置所内での警備に就いた。

中に入り深々と頭を下げると、御遺体一人ずつに手を合わせた。

(先輩、お世話になりました。どうか安らかにお眠りください)

心の中で精一杯のお礼を述べた。

次の交替までの一時間、平田さんは背筋を伸ばし誰もいない安置所で、三人の先輩との思い出に涙を流した。


安置所での警備を終えた平田さんは、自室に戻る気になれず当直の隊員達が詰める部屋で缶コーヒーを飲んでいた。

すると、ある隊員が無線機で誰かに呼びかけている様子が目に入った。

「○○○応答せよ。繰り返す○○○応答せよ」

駐屯地の裏門警備のコードネームを呼んでいる。

「どうした?」

上官が無線機を持った隊員に状況を訊く。

「○○○から定時連絡がないんです」

警衛と呼ばれる警備隊員からの定時報告が来ていないとのことだった。

「無線で呼び続けろ」

上官の命令で無線機を手にした隊員が、再び裏門の警衛に呼びかける。

しかし、一向に裏門の警衛からの応答がない。

「誰か様子を見に行ってこい」

当直隊員二名が裏門へ向かうことになった。


ここからは平田さんが、その二名の隊員から聞いた話になる。

上官から命令を受けた二人は、静まり返った広い駐屯地内を裏門に向かって移動した。

「寝てるんじゃねーの」

「こんな日に、それはヤバいだろ」

裏門へと続くまっすぐな道に出ると、警衛所の明かりと外灯が前方に見えた。

その明かりを目指して歩を進める。

すると警備所近くの明かりの下で、誰かが倒れている姿が目に入った。

急いで二人が駆け寄り、倒れている人物に声を掛けた。

「おい！　しっかりしろ！」

倒れていたのは裏門の警備だった。

気を失っていた警備は、二人の声で目を覚ます。

「どうした？　何があった？」

「オ、オレ見ちゃった……」

朦朧とする警備の身体を起こし、更に何があったのかと問いかけた。

少しずつ落ち着きを取り戻した警備が、ゆっくりと語り出した。


静まり返る住宅地に面した警備所で、警務に当たっていると駐屯地の外から微かな音が聞こえてきた。

ザッ……ザッ……ザッ……。

何人かの足音のようだ。

門の外を注意深く見ると電柱の外灯に照らされ、こちらに向かって歩く三つの人影が見えた。

不測の事態に備え、人影の動向から目を離さずに身構える。

人影は縦一列で、ゆっくりと歩を進め向かってくる。

その人影の姿が、はっきりと見えたとき思わず声を上げそうになった。

三人とも自分と同じ迷彩服を着ていた。

通称テッパチと呼ばれるヘルメットを被り、大きな戦闘背嚢(はいのう)を背負い、手には自動小銃を抱え、顔には迷彩のドーランが塗られている。

(誰だ？　何をしてるんだ？)

俯いて歩く謎の白衛官らしき三人は、声を発することなく裏門に近付いてくる。

「誰かっ！」

自衛隊で不明な相手が接近したときに発する言葉、誰何(すいか)で相手を確認する。

ここで相手が味方であれば、所属や任務名を告げることになっているのだが、謎の三人は無言のまま歩を進めてくる。

もう数歩で門だ――緊張する手で警備上所持している小銃を構えた。

「誰かっ！」

再び誰何で確認したとき、近付く三人が誰なのか分かった。

八甲田山中の訓練で亡くなったはずの三人のレンジャー訓練生――。

ドーランが塗られた顔から覗かせた三人の目は、まっすぐ駐屯地を見据えていた。

まるで訓練を成し遂げようと、最後の力を振り絞っているかのようだった……。

三人は隊列を乱すことなく、驚きのあまり声を発することができない警衛の目の前を無言で通り過ぎていった。

その瞬間、警衛は気を失ってしまったという。

この件を聞いた全員が言葉を失った――。

陸上自衛隊全ての隊員の中で、八パーセントしかいないと言われる精鋭のレンジャー隊員になるべく最も過酷な養成訓練に挑んだ三人を、本来ならば訓練の最後に同僚や家族が歓声を上げて出迎えるはずだった。

三人は死してなお、訓練を全うしようと帰還したのか――。

「三人の先輩方は、とにかく責任感が強くて仲間思いの人たちでした。そんな三人らしい話ですよね」

平田さんが三人の先輩自衛官に思いを馳せながら語ってくれた。

あとがき

——もっと！　怪談県

青森県民を百人集めて「お化けはいないと思う人、挙手！」と声を上げたとしても、恐らくは内十人ほどしか手を挙げないだろうと、わたしは睨んでいるのである。

とにもかくにも、ここの県民は何かを感じている。

最低でもその気配の何たるかを知っている者ばかりなのだ。

とあるバーで初対面の五人組と交流をした折は、ずっとそれぞれが自身の怪異体験を矢継ぎ早に披露し、仕舞いには一人の女性がむちゃくちゃ不気味な心霊写真をスマホで見せてきた。また別の日の居酒屋では、隣に座ったこれまた初対面の男性に、祖父の住居で体験した奇妙な一夜についてを滔々と語られてしまった。

これではまるで「石を投げれば怪談に当たる」ようなものじゃないか。

何なんだこの県は。

こんな県に生まれて、本当に良かった！

「地」というものの独自性は「暮らし」と「歴史」で成り立っている。

それぞれの地に暮らしと歴史があり、暮らしを顕微鏡で覗くと歴史が見え、逆もまた真となる。本書はこの二つの側面を重視して、怪談を並べている。相方となった鶴乃大助氏には「それぞれの青森県を描こう」といった旨のことを告げていた。これは氏がかねて採っているアプローチに「歴史」の二文字が大きくあったからだ。片やわたしはいつも「暮らし」を重視して怪談を書いている。この二人のタッグなら恐らく、青森が青森たる所以を一滴もこぼさずに一冊の実話怪談集を紡げるであろうという確信があった。

また、本書では青森県全土からバランス良く怪異を拾うようにした。

県民なら「あの場所でこんなことが」と驚いたり、「当たり前の生活の中で急にそんなことが起きるなんて」と慄いたりできるだろうし、県民以外の方でも雄大であり幽玄であり、長閑であり仄暗くもあるこの地を漂う影を想像し、怖じ気づくことができるだろう。

家族、取材をさせていただいた皆様に感謝の意を。

鶴さん、お疲れ様。まだ一緒にやるべ。

本書を青森の魂たちへ捧げる。

高田公太

あとがき

この原稿を書いている現在、青森県内では桜が咲き誇っている。

我が家から徒歩数分の距離にある弘前公園からは、さくら祭りで演奏されている津軽三味線が聞こえてくる。

ようやく青森にも春が来たと感じる瞬間だ。

本書を執筆するに当たって、改めて県内各地を取材で訪れたのは、まだ寒さ厳しい冬だった。北は下北、東は八戸、西は白神山地の鯵ヶ沢と青森の怪異を求める旅は、珍しく雪が少ない道程だったが、何度かスリップやホワイトアウトで手に汗握る場面もあった。

そこで出会った人たちから聞き集めた怪異体験談で、無事に本書を綴ることができた。

話を伺った全てを掲載できなかったが、実に青森らしい怪異体験談を多く耳にした。

中には掲載不可の話もあり引き続き交渉を続け、承諾を得た暁には皆さんにお伝えしたいと思う。

さて、青森の御当地怪談本も共著者である高田公太氏の『怪談恐山』『青森乃怪』といった単著に、私も参加した『青森怪談　弘前乃怪』に続いて本書が四冊目と記憶している。

今回は同じ弘前に住む高田氏との共著ということで、綿密な打ち合わせをして挑む予定だったが……。

「お互いの目で見て、感じた青森の怪談を書こう」と交わした一言だけが、唯一の打ち合わせとなった。

結果、蓋を開けてみれば色の違った青森の怪談が出揃ったと思われる。

怪異を通して見えた青森には、いろんな青森がある。

歴史、伝承、民俗、神仏、民間信仰、事件や事故、そして人々の生活――。

本書の怪異から、青森を感じとっていただけたら幸いだ。

最後に取材に快く応じていただいた方々に御礼を申し上げるとともに、本書を手に取って、最後まで読んでいただいた読者の皆さんにも厚く御礼を申し上げたい。

青森には、まだ世に出ぬ怪が溢れている――。

また、皆さんにお伝えできる機会を祈って、あとがきとする。

二〇二四年四月　　鶴乃大助

★読者アンケートのお願い

応募フォームはこちら

本書のご感想をお寄せください。アンケートをお寄せいただきました方から抽選で5名様に図書カードを差し上げます。

（締切：2024年6月30日まで）

青森の怖い話

2024年6月5日　初版第一刷発行

著……高田公太、鶴乃大助

カバーデザイン……橋元浩明 (sowhat.Inc)

発行所……株式会社　竹書房

〒102-0075　東京都千代田区三番町8-1　三番町東急ビル6F

email: info@takeshobo.co.jp

https://www.takeshobo.co.jp

印刷・製本……中央精版印刷株式会社